W0056796

MATTHIEU GOEMAERE - LINDA LOUIS - THOMAS MOUSSEAU

GEHEIMNISSE DES BRAUENS

DER WEG ZUM PERFEKTEN BIER

Leopold Stocker Verlag

Graz – Stuttgart

Umschlaggestaltung: Werbeagentur Rypka GmbH, 8143 Dobl/Graz, www.rypka.at
Titelbild: Shutterstock
Bildnachweis: Alle Fotos im Buch stammen von Linda Louis außer die Fotos auf den Seiten 8, 59, 78, 118, 147, 152 und 177: © Shutterstock; und das Foto auf Seite 6: Marie Laforêt

Titel der französischen Originalausgabe: Secrets de brasseur. Réussir sa bière maison by Matthieu Goemaere, Linda Louis und Thomas Mousseau
© by Éditions La Plage, Paris 2016

Aus dem Französischen übertragen von Barbara Hinterplattner, BA BA MA

Der Inhalt dieses Buches wurde von den Autoren, der Übersetzerin und vom Verlag nach bestem Wissen überprüft; eine Garantie kann jedoch nicht übernommen werden. Die juristische Haftung ist daher ausgeschlossen.

Bibliografische Information der Deutschen Nationalbibliothek
Die Deutsche Nationalbibliothek verzeichnet diese Publikation in der Deutschen Nationalbibliografie; detaillierte bibliografische Daten sind im Internet über http://dnb.d-nb.de abrufbar.

Hinweis:
Dieses Buch wurde auf chlorfrei gebleichtem Papier gedruckt. Die zum Schutz vor Verschmutzung verwendete Einschweißfolie ist aus Polyethylen chlor- und schwefelfrei hergestellt. Diese umweltfreundliche Folie verhält sich grundwasserneutral, ist voll recyclingfähig und verbrennt in Müllverbrennungsanlagen völlig ungiftig.

Auf Wunsch senden wir Ihnen gerne kostenlos unser Verlagsverzeichnis zu:
Leopold Stocker Verlag GmbH
Hofgasse 5/Postfach 438
A-8011 Graz
Tel.: +43 (0)316/82 16 36
Гах. +43 (0)310/83 50 12
E-Mail: stocker-verlag@stocker-verlag.com
www.stocker-verlag.com

ISBN 978-3-7020-1808-5

Layout und Repro: Werbeagentur Rypka GmbH, 8143 Dobl/Graz, www.rypka.at
Druck und Bindung: Finidr, s.r.o., Český Těšín

Linda: Ich danke allen mir nahestehenden Personen, hier insbesondere Ben für seine Unterstützung und Marion für ihre große Hilfe bei den Illustrationen; ich danke Jean-Gab und Alice für die vorzüglichen Biere, die sie aus Irland mitgebracht haben, Ursula und Adriano dafür, dass sie mit uns teilten und für ihre „Made-in-Berry"-Biere, der Firma Fermentis (Bierhefen), Francis Julien (Zythologe), Valentin Martinat (Brasserie BOS) für die Einsatzbereitschaft und allen helfenden Händen, die mir als Vorbild für dieses Buch dienten; all jenen, die mir Lust gemacht haben, der Bierologie, diesem Fass ohne Boden, auf den Grund zu gehen!

Thomas: Ich danke Marielle, meiner Oberverkosterin, die meine Ansprüche im Alltag erträgt; Véro la Chicana, Fred und Stéf, meinen drei Verkostern der ersten Stunde, als es regelmäßig zu vereinsmäßigen Brautreffen kam; den Hobbybrauern, die mich regelmäßig ihre selbstgemachten Biere probieren lassen, den Brauern von La Franche (in der Region Franche-Comté), deren Biere ich immer schon sehr geschätzt habe und die mir Lust darauf gemacht haben, es ihnen gleichzutun.

Matthieu: Ich danke meiner geliebten Rosine, meinem Lieblingsgaumen, der ohne Unterlass meine verschiedensten Gebräue verkostet; ich danke Gilou und Will für die Arbeit in der Kapelle, in der ich von nun an brauen kann; Arnaud und Emilie für den Kühlschrank, mit dessen Hilfe ich gute Bières de garde herstellen kann; meinen Freunden aus dem Norden von Allier und generell aus dem Norden, die immer bereit sind, neue Schaumkronen zu verkosten. Ich widme dieses Werk schließlich Abel und Elie, in der Hoffnung, ihnen das eine oder andere Bierbrau-Gen vererbt zu haben.

INHALT

- - - - - - - - - - - - -

Bierrezepte

Bierologie

EINLEITUNG

Den Inhalt von Braukesseln umzurühren ist mein Beruf. Dieses Mal jedoch bin ich in die Ermittlerrolle geschlüpft und gehe zwei konkreten Fragen auf den Grund: Wie gelingt das selbstgemachte Bier und welche Mechanismen wirken zusammen, damit aus Malz, Hopfen und Hefe dieses schmackhafte flüssige Brot entsteht? Mir gegenüber stehen Thomas und Matthieu, Bio-Brauer, die auf meinen Vorschlag, ein schönes Rezeptbuch zu verfassen, welches zugleich verständlich und spezialisiert sein und durch echte Erfahrungswerte ergänzt werden sollte, sofort mit „dabei!" geantwortet haben.

Es ist das Ergebnis einer zeitaufwändigen Arbeit, einer professionellen und wissenschaftlichen Vision, eines Know-hows, welches an Hobbybrauer angepasst und praktisch-konkret ist, und eines journalistischen Zugangs, der pädagogisch sowie an der Hervorhebung von einschlägigen Informationen orientiert ist. Diese präzise Aufgabenstellung führte zur Entstehung von *Geheimnisse des Brauens*. Dies ist nicht nur der Titel des Werkes, sondern auch der Seiten, die die besten Praktiken dieser Bierbrauer aufzählen, die ihren Beruf mit Leidenschaft ausüben.

Linda Louis, Journalistin, Autorin und kulinarische Fotografin

Wie viele französische handwerkliche Brauer habe ich als Hobbybierbrauer angefangen: Aus einigen Kilo Malz und einigen Gramm Hopfen ein gutes Bier zu zaubern war anfangs ein Wettstreit unter Freunden. Ich werde mich mein Leben lang an das erste Bier erinnern, das in meiner Garage entstand, als wäre es ein bemerkenswertes Bier gewesen! Es war wahrscheinlich eher durchschnittlich, aber die Befriedigung, mit Freunden ein eigenhändig gebrautes Bier zu trinken, war gewaltig. Da ich eine wissenschaftliche Ausbildung in Mikrobiologie und Biochemie habe, hatte ich den Vorteil, dass ich den Herstellungsprozess von Bier ziemlich genau verstehen konnte. Anfangs waren die enttäuschenden Biere zahlreich, später jedoch kamen glücklicherweise die guten, an denen man festhält und die man weiterentwickelt. 2010 gründete ich die Brauerei Ouche Nanon im Berry, und ich bin stolz darauf, Hobbybrauer gewesen zu sein, bevor ich professioneller Bierbrauer geworden bin.

In diesem Buch habe ich versucht, meine Vision von der Braukunst in den Vordergrund zu stellen: einfache Techniken und ihre Anwendung in Braurezepten. Zu viele Bücher geben Erklärungen, die entweder veraltet sind oder nur im Profi-Bereich umgesetzt werden können, welche das Verständnis der Bierherstellung erschweren und zu Fehlern führen. Hier war es das Ziel, die einzelnen Schritte zu vereinfachen, aber gleichzeitig beim Erklären der biochemischen bzw. lebensmitteltechnischen Abläufe exakt zu bleiben, die das Herzstück des Berufs des Brauers darstellen. Dies ist eine aufregende Welt und ihr Hobbyzweig ist in meinen Augen genauso wichtig wie ihr professioneller Zweig. Worauf warten Sie also, legen Sie los, brauen und erfinden Sie! Und zögern Sie nicht, in unserer Brauerei vorbeizuschauen, um uns die Früchte Ihrer Arbeit verkosten zu lassen ...

Thomas Mousseau, Brauer in der Brauerei Ouche Nanon

Ich wurde an der belgischen Grenze geboren, zwischen der Brauerei 3 Monts in Frankreich und der Brauerei St. Bernardus in Belgien; man könnte sagen, dass Bier, dieses süße Gebräu, durch meine Adern fließt. Als ich mit meinem Vater von der Arbeit nach Hause kam, machte ich Bekanntschaft mit einem kleinen Jupiler und musste dem Ruf der Mönche und ihren berühmten, ziemlich alkoholhaltigen – aber auch sehr guten! – Bieren nachgeben. Im Bourbonnais angekommen

lernte ich Thomas kennen, mit dem rund um das Brauen und das Verkosten von Bieren „der neuen Generation", wie etwa IPA oder im Fass gereiften Bieren, eine wunderbare Freundschaft entstand.

Linda hat mir anschließend ermöglicht, zu diesem Buch beizutragen, für das ich zahlreiche Biere – inspiriert von verschiedenen Stilen – gebraut und verkostet habe. Angefangen beim tschechischen Pils über das amerikanische IPA bis hin zum Stout nach englischer Art – das alles unter dem wachsamen Blick meiner Trinkkumpanen! Ich bin von Beruf Installateur sowie leidenschaftlicher Erfinder und zeige Ihnen als Bonus auf einigen Seiten selbstgebastelte Vorrichtungen, die ganz einfach nachzubauen sind und dazu dienen, Ihre Brauanlage zu verbessern.

Sie halten ein Werk in Händen, mit dem Sie ohne Stress, mit Basis- oder fortgeschrittenerer Ausstattung Rezepte ausprobieren können, die in Ihrer Küche oder Garage umsetzbar sind und keine ausgefallenen Zutaten wie Protofloc erfordern. Das Ziel? Enttäuschungen zu vermeiden und allen voran, mit Ihren Freunden gute Biere zu genießen! Zögern Sie also nicht, die fantastische Welt der Hobbybrauerei zu betreten, die jedem Bierliebhaber offensteht.

Matthieu Goemaere, Brauer in der Brasserie du Loup

Die Welt des Bieres verstehen

Sie ist weitläufig, denn sie erstreckt sich über den ganzen Globus! Zunächst werden wir kurz auf die Geschichte des Bieres sowie auf die verschiedenen Bierstile eingehen, die weit über die Farbe des Bieres (weiß, hell, rot, dunkel) hinausgehen. Abschließend liefern wir konkrete Erklärungen zur Herstellung dieses flüssigen Brotes selbst und beziehen uns dabei auf universelle Schlüsseletappen. Herzlich willkommen in der aufregenden Welt des Bieres!

EINE KURZE GESCHICHTE DES BIERES

- - - - - - - - - - - - - -

8000 v. Chr. – Gerste und Dinkel: In Mesopotamien wird mit dem Anbau dieser Getreidesorten begonnen.

4000 v. Chr. – die Sumerer: Anfang des 10. Jahrhunderts entdeckt man Tontafeln in Mesopotamien, die ein gegorenes Getränk aus Gerste, Dinkel, Weizen und Hirse erwähnen: Sikaru („flüssiges Brot").

3000–525 v. Chr. – die Ägypter: Sie sind im Mittelmeerraum berühmte Brauer. Das klarste Bier ist für die ärmere Bevölkerung gedacht, das dickflüssigere, würzige und mit Honig gesüßte Bier ist der Oberschicht vorbehalten.

2000 v. Chr. – die Indianer und die Inder: Das Bier der Indianer in Südamerika besteht aus Mais, das Bier der Inder aus Gerste, Weizen und Hirse.

510 v. Chr. bis 330 n. Chr. – die Griechen und die Römer: Die Griechen verbreiten das Bier bis nach Spanien, Gallien und Germanien. Für Athener, Römer, Wikinger, Kelten und Gallier war Bier ein festliches, ein religiöses und ein Heilgetränk sowie Tauschobjekt.

6. Jahrhundert v. Chr. – die Gallier: Cervisia ist ihr Nationalgetränk. Sie erfinden das Fass, das zu seinem Transport und seiner Lagerung dient.

8. Jahrhundert n. Chr. – Könige und Mönche: Einer Legende zufolge ist König Dagobert der Gründer des ersten Klosters zur Herstellung von Cervisia. Karl der Große eint die Brauer in Verbänden und schafft eine Charta für das Bierbrauen; das Brauen wird Aufgabe der Mönche und in jedem Kloster eingeführt.

1070 – Hildegard von Bingen: Die berühmte germanische Äbtissin und Ärztin entdeckt den Nutzen des Hopfens (verbesserte Haltbarkeit der Würze und antiseptische Wirkung).

13. Jahrhundert – die Bierbrauer: Der Beruf des Bierbrauers entwickelt sich außerhalb von Klöstern und es schließen sich Verbände zusammen, die als „Gilden" bezeichnet werden. Ludwig der Heilige erkennt den Beruf des Bierbrauers, als „cervoisier" bezeichnet, 1268 offiziell an.

15. Jahrhundert – die Bezeichnung „bière" (Bier): Sie taucht im Jahre 1453 unter der Herrschaft Karls VII. in einer Ordonnanz über den Bierhandel auf und findet dann 1489 ins Statut der Bierbrauer Eingang. Eine königliche Ordonnanz aus 1495 empfiehlt ihnen, „gute und anständige Biere zu brauen und nichts anderes zu verwenden als Korn, Wasser und Hopfen". Der alte Ausdruck „cervoise" verschwindet aus dem allgemeinen Sprachgebrauch.

16. Jahrhundert – das Reinheitsgebot: Es wird 1516 von Herzog Wilhelm IV. von Bayern erlassen und legt fest, dass in deutschen Bieren ausschließlich Gerste, Hopfen und Wasser erlaubt sind (Hefe findet keine explizite Erwähnung).

18. Jahrhundert – die Flaute ab der Französischen Revolution: Die Französische Revolution 1789 bringt den Verkauf der Besitztümer der Klöster und die Abschaffung der Brauverbände mit sich. Krieg, Wirtschaftskrise und Hungersnot führen dazu, dass das Getränk einen Abstieg erlebt.

19. Jahrhundert – Louis Pasteur: Er beschäftigt sich ab 1857 mit Bier und entdeckt dabei lebendige Mikroorganismen: wilde Hefen und Bakterien, die für Veränderungen des Geschmacks verantwortlich sind. Durch Erhitzen wird das Bier stabil: Der Vorgang der Pasteurisierung ist geboren.

Ende des 19. Jahrhunderts – das Industriezeitalter: Der Grundstein der modernen Braukunst wird gelegt und diese löst handwerkliche Betriebe ab. Die Industrie (Mechanisierung, Kohle) führt zum Verschwinden traditioneller Methoden und zum Aufkommen der Konzepte von Wachstum und Wettbewerb in der Branche. Die Untergärung gewinnt größere Bedeutung: Dank der Erfindung der elektrischen Kühlung kann man diese Biere fortan ganzjährig brauen.

20. Jahrhundert – Goldenes Zeitalter, Flaute und Wiederaufleben: Zu Beginn des Jahrhunderts gibt es in ganz Europa unzählige Brauereien. Ab dem Ersten Weltkrieg werden viele zerstört oder geschlossen. Nach dem Zweiten Weltkrieg wird die Hausbrauerei vielerorts gänzlich verboten. Ab Mitte der 1980er Jahre steigt das Interesse an Bier erneut. Kleine, handwerkliche Brauereien entwickeln sich mit atemberaubender Geschwindigkeit.

21. Jahrhundert – die Revolution der Mikrobrauereien: Hunderte kleine Braubetriebe existieren mittlerweile im deutschsprachigen Raum. Bier wird ein „Trendobjekt". Hobbybrauer beginnen sich dafür zu interessieren und finden Gefallen daran, zu Hause zu brauen.

BIERSTILE

- - - - - - - - - - - - - -

Es existieren mehr als 500 verschiedene Biersorten, die man in Kategorien oder „Stile" einteilt. Die zahlreichen Varianten, die unter anderem mit der breiten Palette an verfügbaren Malz-, Hopfen- und Hefesorten sowie mit den verschiedenen Wasserarten zusammenhängen, die verfügbar sind, sind der Grund dafür, dass die Einteilung der Biere komplex ist. Heute sind nach wie vor die angelsächsischen Einteilungsbestimmungen maßgebend.

OBERGÄRIGE BIERE: ALES

- - - - - - - - - - - - - - - -

Angelsächsische Ales

- **Pale Ale:** mittelstarkes Bier (5 bis 6 Vol.-%), wohlschmeckend und leicht zu trinken, weist einen guten Ausgleich zwischen Hopfen und Malz auf, geht leicht in Richtung bitter, hell bis rotgolden.
- **Mild Ale:** geringer Alkoholgehalt (3 Vol.-%), stärker gehopft als das Pale Ale, unterschiedliche Farben, von hell bis braun.
- **Amber Ale:** bernsteinfarben, mittlerer Alkoholgehalt, eher malz- als hopfenbetont.
- **Red Ale:** ein irisches Bier von roter Farbe, leicht süß und malzig.
- **Brown Ale:** braunes Bier, niedriger Alkoholgehalt, mild und wenig aromatisch.
- **Bitter:** typisch englisch, bitter, leicht, ein geringer Alkoholgehalt (3,5 bis 4,5 Vol.-%), weist eine breite Farbpalette auf, von hellgelb bis dunkelrot. Das *Extra Special Bitter* (ESB) ist das stärkste und weist einen intensiven Hopfen- und Malzgeschmack auf.
- **India Pale Ale (IPA):** sehr bitteres und stark gehopftes Bier, von 5 bis 7 Vol.-%, von goldgelber Farbe. Das *Double IPA* ist noch bitterer und das *Imperial Pale Ale* alkoholhaltiger.
- **Scottish Ale:** Bier, das ein um einiges stärkeres Malzaroma aufweist, schwer, leicht süßlich, manchmal rauchig, da es mit Whiskymalz gebraut wird, sehr schwach gehopft.
- **Strong Ale (Barley Wine):** gekennzeichnet durch einen hohen Alkoholgehalt, cremigen Schaum, kupferne Farbe und Karamellgeschmack.
- **Porter:** dunkles Bier, sehr aromatisch, braun bis schwarz, mit Lakritz- oder Kaffeenote, wenig alkoholhaltig, aber stark gehopft.

- **Stout:** aromatisches Profil ähnlich dem Porter, aber mit höherem Alkoholgehalt.
- **Dry Stout:** markante Bitterkeit und trocken im Abgang.
- **Milk Stout:** mit Laktose gesüßt, leicht und nicht bitter, niedriger Alkoholgehalt (3 Vol.-%), cremiger Schaum.
- **Oatmeal Stout:** wie ein *Milk Stout,* aber mit Hafermehl, aromatischer und dickflüssiger, schmeckt nach Karamell und Haselnuss.
- **Irish Stout:** irische Variante, bitter und malzig.
- **Imperial Stout:** früher für den russischen Markt produziert, trocken, stark mit hohem Alkoholgehalt (7 bis 9 Vol.-%), mit einer Note von Kaffee und reifem Obst.

Belgische und französische Ales
- **Witbier:** Weißbier mit gemälzter Gerste und rohem Weizen, sehr oft mit Koriander oder Orangenschalen gewürzt, mit Zitronennoten, erfrischend, verfügt über 4 bis 5 Vol.-%.
- **Saison:** wurde früher zu Beginn der Wintermonate auf den Farmen in der Wallonie für die Saisonarbeiter gebraut; ein Durstlöscher, fruchtig, oft säuerlich, mit mittlerem Alkoholgehalt (5 bis 7 Vol.-%).
- **Weihnachtsbier „Bière de Noël":** oft bernsteinfarben, aromatisch, rund, würzig und mit einem gewissen Alkoholgehalt.
- **Märzenbier oder Frühlingsbier:** wird im Winter aus verschiedenen im Frühjahr ausgesäten Gerstensorten gebraut, geringer Alkoholgehalt, bernsteinfarben, fruchtig mit aromatischem, gehopftem Profil.
- **Bière de garde:** Bier aus Nordfrankreich, wird im Winter gebraut und bis zum Sommer in Champagnerflaschen aufbewahrt, bernsteinfarben, golden oder braun, fruchtig und würzig, mit mittlerem Alkoholgehalt (5 bis 7 Vol.- %).

Starkbiere
- **Trappistenbiere (der Name kommt von der Abtei La Trappe in der Normandie):** Diese Biere werden von Mönchen in nur elf Klöstern (sechs in Belgien, zwei in den Niederlanden, je eines in Italien, Österreich und den USA) gebraut und tragen das Qualitätssiegel „ATP" *(authentic trappist product).* Sie sind stark alkoholhaltig und verfügen über intensive Aromen, sind fruchtig und rund.
- **Abteibiere:** werden meist industriell hergestellt, allerdings unter der Lizenz von Abteien und unter Einhaltung strikter Spezifikationen. Das *Dubbel* ist bernsteinfarben, leicht würzig, süß und hat 6 bis 8 Vol.-%. Das *Tripel* ist goldblond, fruchtig und erreicht beinahe 9 Vol.-%. Das *Quadrupel* ist dunkel, komplex, intensiv malzig und bewegt sich zwischen 10 und 11 Vol.-%.

Deutsche Ales
Weizen- oder Weißbier, Hefeweizen: Bier aus Weizenmalz, geringer Alkoholgehalt (etwa 5 Vol.-%). Von diesem Bier gibt es jedoch auch stärkere und würzigere Sorten mit mehr Malz: das Weizenbock (6,5 bis 8 Vol.-%), das Weizendoppelbock (7 bis 9 Vol.-%) und das Weizen-Eisbock (etwa 12 Vol.-%).

- **Dunkelweizen:** dank der Verwendung von Darrmalz dunkles Weizenbier.
- **Altbier:** kommt aus Düsseldorf, hat einen Alkoholgehalt von etwa 5 Vol.-%, kupferfarben bis braun, schmeckt süß und bitter.
- **Kölsch:** wird in Köln gebraut, ist dezenter als das Altbier, da es filtriert ist, und ist von goldener Farbe. Sein Alkoholgehalt beträgt circa 5 Vol.-%, es ist leicht fruchtig, gehopft und kohlensäurehaltig.

Amerikanische Ales

Sie umfassen alle Arten von Bieren, von englischen Ales (*American Pale Ale, American Amber Ale, IPA ...*) bis zu deutschen Lagerbieren (*American Light Lager, American Pilsner ...*) und haben gemeinsam, dass sie stark gehopft sind sowie einen geringen Hefegeschmack (im Gegensatz zu den belgischen Bieren) aufweisen.

UNTERGÄRIGE BIERE: LAGER

Diese Biere sind auf allen Kontinenten am weitesten verbreitet. Sie sind meist hell und enthalten nicht besonders viel Alkohol.

Pils

Der Ursprung der Pils sind die Brauereien der tschechischen Stadt Plzeň (Pilsen). Pilsbiere sind hell, werden als trocken bezeichnet und besitzen ein angenehm blumiges Hopfenaroma.

- **Bohemian Pils:** helles Bier zum Durstlöschen, sprudelnd, blumig, ausgeglichen.
- **Deutsches Pils:** Variante des *Bohemian*, etwas bitterer und nicht so malzig.
- **Amerikanisches Pils:** stärker gehopfte Variation.

Deutsche Lagerbiere

- **Bock, Doppelbock und Eisbock:** kommen ursprünglich aus Norddeutschland; Biere, deren Alkoholgehalt etwa bei 6 bis 7 Vol.-% liegt, wenig aromatisch. Das Doppelbock überschreitet die 7,5-Vol.-%-Marke und ist bitterer als das Bockbier. Das Eisbock wird während seiner Reifung teilweise eingefroren, was zu einem höheren Alkoholgehalt führt (10 bis 14 Vol.-%).
- **Wiener Lager:** bernsteinfarben, relativ mild und malzig, nicht sehr süß.
- **Dunkel:** kommt ursprünglich aus München und enthält zwischen 4 und 6 Vol.-%, ist bernsteinfarben bis braun, schwer, komplex, mit Noten von Toastbrot und Haselnuss, mittelmäßig stark gehopft.
- **Märzenbier:** im März gebraut und während des Oktoberfests getrunken; kupferfarben, eher malz- als hopfenbetont, süß im Antrunk und trocken im Abgang.
- **Rauchbier:** braunes Bier aus über Buchenholz geräuchertem Gerstenmalz.
- **Schwarzbier:** dunkles bis schwarzes Bier, enthält etwa 5 Vol.-%, leichtes Röstmalzaroma.

Europäische Lagerbiere

- **Pale Lager:** weltweit am häufigsten konsumierter Bierstil, blassgoldene Farbe, angenehm sprudelnd mit einem Hauch von Bitterkeit, ein Durstlöscher, wenig ausgeprägter Geschmack.
- **Dark Lager:** eine Variation des *Pale Lager,* mit dunklerer Farbe, bernsteinfarben bis braun.

Amerikanische Lagerbiere

- **Light Beer:** helles und leichtes Bier, ohne ausgeprägten Geschmack.
- **Ice Beer:** dem deutschen Eisbock nachempfunden.

DURCH SPONTANGÄRUNG ENTSTANDENE BIERE: LAMBIC-BIERE

- **Lambic:** Bezeichnung für Biere, die durch Spontangärung in der für dieses Grundbier namensgebenden Region Belgiens entstanden sind. Dieses Bier reift drei Jahre lang im Eichenfass und ist sauer, fruchtig, wenig kohlensäurehaltig, wenig schaumig; es hat etwa 5 Vol.-%.
- **Geuze:** Mischung aus jungem (sechs bis zwölf Monate) und altem (drei Jahre) Lambic, in Champagnerflaschen abgefüllt, enthält zwischen 5 und 8 Vol.-%.
- **Faro:** frisch gebrautes Lambic, mit Melasse und braunem Kandiszucker verfeinert, manchmal mit Gewürzen, pasteurisiert, sprudelnd und fruchtig, erinnert an Apfelwein.
- **Kriek und Frucht-Lambic:** junges Lambic, hergestellt aus ganzen Früchten, hierbei vor allem *kriek* (flämisch für „Kirschen"). Nicht sehr süß, nicht zu verwechseln mit den industriell hergestellten, mit Fruchtaroma versehenen Bieren.

DIE WICHTIGSTEN SCHRITTE

BIER
HERSTELLUNG

MÄLZEN DER GERSTE

MAISCHE   KEIMEN   DARRE

BRAUEN

ZERKLEINERUNG   EINMAISCHEN & VERZUCKERUNG
Maische auf 63 bis 70 °C erhitzt   ABLÄUTERN & AUSSCHWEMMEN
DES TREBERS

KOCHEN

HOPFENGABE   KÜHLEN   HINZUFÜGEN DER HEFE

GÄRUNG

HAUPTGÄRUNG   ALKOHOL   NACHGÄRUNG   HINZUFÜGEN VON
ZUCKER

DIE WICHTIGSTEN SCHRITTE

Die in dieser Darstellung beschriebenen Schritte werden in den Rezepten und im Kapitel „Geheimnisse des Brauens" wieder aufgegriffen, damit Sie sich orientieren können. Sie beinhalten jedoch nicht den Vorgang des Mälzens der Gerste, der den Mälzer betrifft, den es sich aber lohnt, zuvor zu erklären.

EINMAISCHEN/VERZUCKERUNG

In dieser Phase wird das Malz mit heißem Wasser vermischt, um so die darin enthaltene Stärke in Zucker umzuwandeln. So entsteht ein dicker Brei, die Maische.

VERPACKEN

ABFÜLLEN IN FLASCHEN

ABLÄUTERN UND AUSSCHWEMMEN

Hierbei ist es das Ziel, den Treber (gekochtes Malz, das eine feste Masse bildet) von der Würze (Flüssigkeit) zu trennen. Das Ausschwemmen mit Wasser dient dazu, so viel von den Zuckern wie möglich herauszulösen.

KOCHEN/HOPFENGABE

Das Kochen ist notwendig, um die Würze zu klären und um die Bitterstoffe aus dem Hopfen zu lösen.

ABKÜHLUNG

In dieser Phase wird eine für die Gärung förderliche Temperatur erreicht. Die kochende Würze wird auf eine Temperatur von 20 bis 25 °C heruntergekühlt.

HINZUFÜGEN DER HEFE

Sobald die Würze abgekühlt ist, kann die für die Gärung notwendige Bierhefe hinzugefügt werden.

HAUPTGÄRUNG

In dieser Phase werden die in der Bierwürze enthaltenen Zucker in Alkohol umgewandelt. An der Oberfläche bildet sich sprudelnder Schaum, ein Anzeichen dafür, dass die Hefen aktiv sind.

REIFUNG

NACHGÄRUNG ODER LAGERUNG

Während dieser Lagerungsphase kommt die Gärung langsam zum Ende, das Bier wird klar und der Reifungsvorgang beginnt.

ERNEUTE BEIGABE VON ZUCKER UND VERPACKUNG

Eine kleine Menge Zucker wird hinzugefügt, damit in der Flasche erneut eine Gärung stattfindet und das zur Bildung von Bläschen nötige Gas entsteht.

ABFÜLLEN IN FLASCHEN UND MIT KAPSELN VERSEHEN

Die Würze wird in Flaschen abgefüllt, die danach mit Kapseln versehen werden.

REIFUNG

Während dieser Phase bilden sich die Bläschen und das Bier verfeinert sich. Nun kann es endlich getrunken werden!

Die Chemie des BIERES über ➤ seine Zutaten

Anstatt Ihnen hier eine simple Liste von Bierzutaten zu präsentieren, werden wir auf den folgenden Seiten ihre Interaktionen miteinander sowie die Gesamtheit der physikalischen, biologischen und chemischen Vorgänge, die damit Hand in Hand gehen, entschlüsseln. Verschiedene Informationszugänge werden Ihnen präsentiert, um Sie auf dieser Entdeckungsreise zu begleiten. Wie wird Malz hergestellt? Wie wird Zucker gelöst, diese Quintessenz, die für den Alkoholgehalt des Bieres sorgt und ihm Rundheit verleiht? Kann man auf Hopfen verzichten? Und ist Hefe wirklich so unentbehrlich? Wer die Chemie des Bieres kennt, gewinnt Zeit und ist auf dem besten Weg zu gelungenen, selbstgebrauten Bieren.

MALZ

- - - - - - - - - - - - - - -

Malz verhält sich zu Bier wie Weintrauben zu Wein. Es verleiht dem Bier seine Farbe, seine Textur, seinen Schaum, trägt wesentlich zu seinem Geschmack bei und liefert ihm vor allem die Zucker, die in Alkohol umgewandelt werden. Zur Malzgewinnung wird Getreide, meistens Gerste, zum Keimen gebracht, um die darin enthaltenen Enzyme zu aktivieren. Anschließend wird es getrocknet und – je nach gewünschtem Effekt – mehr oder weniger stark geröstet. Wird das Malz mit heißem Wasser vermischt, bildet es einen dicken Brei, die Maische, die die erste Etappe des Brauvorgangs darstellt.

GERSTE, EIN GETREIDE, DAS SICH HERVORRAGEND ZUR BIERHERSTELLUNG EIGNET

- -

Man möchte meinen, Gerste existiert ausschließlich zu diesem Zweck! Abgesehen von ihren sortenspezifischen Eigenschaften, wie vor allem die guten Erträge und die Widerstandsfähigkeit gegenüber Schimmel (s. S. 150), verfügt Gerste über eine Physiologie, die für das Brauen von Bier ideal ist: Zunächst besitzt sie eine sehr feste Schale, die dafür sorgt, dass die Qualität während der Lagerung in Silos optimal erhalten bleibt. Das Aufkeimen, die erste Etappe des Mälzens, läuft einfach ab. Nach der Zerkleinerung bildet sie auch einen perfekten Filter für die Würze, sobald sich der Treberkuchen gebildet hat. Dank ihrem hohen Kohlenhydratgehalt lässt sich aus ihr eine sehr süße Würze herstellen, die wiederum Basis für die Entstehung von Alkohol ist. Die verschiedenen Darrmöglichkeiten (Trocknen bis Rösten) sorgen für ein breites Spektrum an Farben und Geschmacksrichtungen, mit der sich eine große Anzahl von Bierstilen herstellen lässt. Gerste ist reich an Enzymen und verfügt über ein ausgeglichenes Verhältnis zwischen Kohlenhydraten und Eiweißen. Dies führt dazu, dass die Würze sowohl genug Zucker als auch genug Aminosäuren (Bausteine der Proteine) enthält, die für den Stoffwechsel der Hefepilze unverzichtbar sind.

ANDERE ARTEN VON GEMÄLZTEM GETREIDE UND ROHES GETREIDE

Auch wenn Malz hauptsächlich aus Gerste hergestellt wird, können auch andere Getreidearten gemälzt werden: Weizen, Dinkel, Hafer, Roggen, Mais, Hirse oder Buchweizen, je nach Verfügbarkeit dieser Rohstoffe und nach gewünschtem Bierstil. Weizenmalz zum Beispiel wird hauptsächlich zur Herstellung von belgischen Weißbieren und in Deutschland für Weißbiere verwendet. Bestimmte Arten von Malz werden für den Nischenmarkt der glutenfreien Biere hergestellt. Es sei darauf hingewiesen, dass man in bestimmten Rezepten geröstetes Getreide (nicht gemälzt oder, anders gesagt, nicht gekeimt) oder rohes Getreide (also ebenfalls nicht gemälzt: Gerste, Weizen, Hafer, Reis, Mais) verwendet, das dem Bier einen speziellen Geschmack und eine spezielle Textur verleiht.

WARUM DIE GERSTE ZU MALZ MACHEN?

Um die Enzyme zu aktivieren, die unentbehrlich dafür sind, Stärke und Eiweiße im Malz in vergärbare Zucker und umwandlungsfähige Stoffe umzuwandeln. Bei einer Temperatur von über 60 °C und im Kontakt mit Wasser blähen sich die Stärkekörner auf (Gelierung), platzen auf und werden für die in der Würze enthaltenen Enzyme verfügbar (Verkleisterung). Diese zerlegen die Stärkeketten in kleine Bestandteile (verwertbar und damit mithilfe der Aktion der Hefe in Alkohol umwandelbar) und in größere Zucker, die Dextrine, die nicht verwertbar sind und nicht in Alkohol umgewandelt werden, sondern in der Würze bleiben und dem Bier seinen Körper verleihen (s. Schema auf S. 37).

Die enzymatische (oder diastatische) Kraft beschreibt die Fähigkeit von Malz, die Enzyme zu produzieren, die zur Zerlegung von Stärke in Zucker notwendig sind.

Malz bringt dem Bier
• Stärke und Enzyme, die für eine zuckerhaltige Würze notwendig sind;
• organoleptische Verbindungen, die ins Bier gelangen;
• Proteine, die dem Wachstum der Hefe dienen, die Einfluss auf die Trübung des Bieres haben und ihm seinen Körper verleihen;
• seine Farbe, je nach Art der Erhitzung bei der Erzeugung (s. Kasten zur Maillard-Reaktion, S. 26)

WIE WIRD GERSTE ZU MALZ?

Der Malzvorgang scheint zwar einfach, ist in Wirklichkeit aber sehr komplex, da während dieses Vorganges eine Vielzahl an bio- und physiochemischen Reaktionen zeitgleich ablaufen.

1. Ernte, Lagerung und Sortierung nach Größe

Die Gerste ist gereift und in der Sonne getrocknet. Nach der Ernte wird sie gesäubert und in Silos mindestens zwei Monate gelagert. Dies ist die Zeit der Keimruhe. Danach wird die Gerste nach Größe sortiert, damit die Körner die gleiche Größe haben (mehr als 2,5 mm).
> *Die Sortierung nach Größe ist wichtig für das weitere Verfahren. Das Weichen und das Keimen laufen so gleichmäßig ab und die Wirkung des Darrens ist bei jedem Korn die gleiche. Der Feuchtigkeitsgehalt des Korns sollte zwischen 12 und 15 % betragen.*

2. Weichen (2 Tage)

Die Gerste wird zwei Tage in einem Gefäß eingeweicht, wobei sie abwechselnd Zeit im Wasser und außerhalb des Wassers verbringt.
> *Dieser Vorgang dient dazu, die für das Aufkeimen des Korns notwendigen Mengen Wasser und Sauerstoff zuzuführen, es zu waschen und Verunreinigungen zu entfernen. Der Feuchtigkeitsgehalt steigt auf 45 % an, die Enzyme beginnen, aktiv zu werden.*

3. Aufkeimen (3 bis 5 Tage)

Die Gerste wird auf einer Tenne mit durchlöchertem Boden platziert, in der die Luft gut zirkulieren kann. Die Würzelchen und der Blattkeim (Embryo)

Malz aus zweizeiliger und aus sechszeiliger Gerste

Wie auf S. 150 erklärt wird, gibt es zweizeilige Gerstensorten, eine davon wird im Winter angebaut (2zw), eine davon im Frühjahr (2zs), sowie sechszeilige Gerstensorten. Die verschiedenen Gerstensorten verleihen der Bierwürze unterschiedliche Eigenschaften.

Malz aus zweizeiliger Gerste: Dieses verfügt über höhere diastatische (enzymatische) Kraft, was es ermöglicht, mit bis zu 30 % nicht gemälztem Getreide zu brauen. Da es wenig Proteine enthält, hat es den Vorteil, dass man mit ihm Biere brauen kann, die nicht so trüb sind. Dieses Malz findet in sehr vielen handwerklichen Brauereien Verwendung.

Malz aus sechszeiliger Gerste: Seine diastatische Kraft ist noch höher als die des Malzes aus zweizeiliger Gerste. Es erlaubt es, mit einer großen Menge nicht gemälztem Getreide (günstiger als Malz) zu brauen. Dieses Malz ist in industriellen Brauereien sehr verbreitet.

Mälzer und Brauer achten sehr genau auf den Proteingehalt des Malzes. Die Proteine dienen den Hefepilzen während der Gärung als Nahrung und sind der wichtigste Einflussfaktor auf Schaum und Körper. Ein Proteinüberschuss behindert jedoch den Übergang der Zucker in die Würze und fördert die Trübung des Bieres während der Lagerung, welche durch die Ausscheidung von Tannin-Protein-Komplexen bedingt ist. Gersten sollten also weder zu viel (weniger als 11,5 %) noch zu wenig (mehr als 9 %) Proteine enthalten.

entwickeln sich. Der Keimvorgang beginnt, und die Enzyme treten auf den Plan. Während dieser Phase wird das Getreide zwei bis drei Mal am Tag umgerührt, um gleichmäßige Temperatur und Feuchtigkeit zu garantieren, und auch um verheddert Würzelchen zu entwirren.

> *Ziel dieser Etappe ist es, im Korn die für den Brauvorgang nötigen Enzyme freizusetzen und es zu zersetzen.*

4. Darren (1 bis 2 Tage)

Die gekeimte Gerste wird in einer Darre platziert, wo sie bei niedriger Temperatur (50 bis 80 °C) trocknet. Das Grünmalz wird anschließend bei unterschiedlichen Temperaturen gedarrt (von 80 bis 150 °C) – das ist das sogenannte „Abdarren". Dies geschieht während unterschiedlicher Zeitspannen, je nach gewünschtem Ergebnis. Das Malz hat das durchlaufen, was als Maillard-Reaktion bezeichnet wird (s. Kasten). Schließlich wird es durch ein Belüftungssystem auf unter 35 °C abgekühlt. Das Rösten (des Malzes oder des Rohgetreides) stellt einen zusätzlichen Vorgang dar, im Laufe dessen die Temperatur wesentlich höher ist und zu einem Röstaroma führt.

> *Bei Basismalzen wie Pale, Pilsen oder Münchner besteht das Ziel des Darrens darin, den Keimvorgang abzubrechen, indem die Feuchtigkeit durch einen Trockenvorgang beseitigt wird. Die diastatischen (enzymatischen) Umwandlungsprozesse werden angehalten und geringfügig verändert. Das Malz kann unverändert gelagert werden. Dieser Vorgang, der bei unterschiedlichen Temperaturen unterschiedlich lange Zeit stattfindet, macht es außerdem möglich, dass sich ein spezielles Aroma und eine hellere oder dunklere Farbe entwickeln. Er sorgt dafür, dass die Würzelchen austrocknen. Der Feuchtigkeitsgehalt des Korns sinkt von 10 auf 3 %.*

5. Entkeimen

Wurzeln und Staub werden entfernt: Damit ist das Mälzen abgeschlossen!

> *Die Würzelchen müssen entfernt werden, da sie der Würze unerwünschte Eigenschaften verleihen (Bitterkeit, zu intensive Farbe ...). Da sie jedoch reich*

Die Maillard-Reaktion

Die Maillard-Reaktion ist eine chemische Reaktion, und zwar eine Bräunungsreaktion von Aminosäuren (Proteinbausteinen) eines Lebensmittels bei Vorhandensein von Zucker und heißem Wasser. Dadurch lassen sich die Farb- und Geschmacksveränderung des Korns im Malz im Zuge des Darr- und Röstvorganges erklären. Dennoch enthält ein Malz, je mehr es gedarrt wurde, umso weniger Enzyme, die für die Umwandlung von Stärke in Zucker notwendig sind. Aus diesem Grund werden die Spezialmalze den Basismalzen, die wenig gedarrt wurden und noch Enzyme enthalten, höchstens ergänzend hinzugefügt. Die Maillard-Reaktion ist nicht zu verwechseln mit Karamellisierung und verändert die organoleptischen Eigenschaften von Lebensmitteln, indem sie ihnen keksartige, karamellartige sowie Röstaromen verleiht. Dieselbe Reaktion spielt bei der Röstung von Kaffeebohnen, Zichorienwurzeln, Kakaobohnen oder Mandeln eine Rolle. Bei der Verkostung von dunklen oder schwarzen Bieren und beim Aromarad (s. S. 217) zeigt sich deutlich, dass diese Aromen übereinstimmen.

VON DER GERSTE ZUM MALZ
(ETWA 10 TAGE)

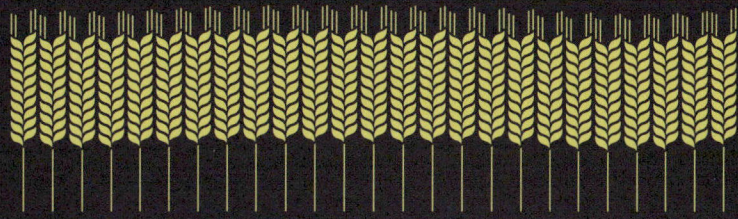

ERNTE, LAGERUNG, SORTIEREN NACH GRÖSSE **REIFE GERSTE**

2 TAGE

WEICHEN BEI 14 BIS 20 °C **FEUCHTE GERSTE**

5 TAGE

AUFKEIMEN BEI 14 BIS 18 °C **GRÜNMALZ**

2 TAGE

TROCKNEN 50 BIS 80 °C > ABDARREN 80 BIS 120 °C > ABKÜHLEN < 35 °C

DARREN **TROCKENES MALZ**

1 TAG

ENTKEIMEN **MALZ**

an Eiweißextrakten, Fetten und Vitaminen sind, werden sie als Futtermittel für Tiere und als Substrat für Backhefe geschätzt.

In trockenem Malz sind die Enzyme auf Stand-by, sind aber bereit, aktiv zu werden, sobald ihm erneut Feuchtigkeit in Form von heißem Wasser zugeführt wird.

DIE VERSCHIEDENEN ARTEN VON MALZ

Je nach Art des Darrens und gegebenenfalls der Art der Röstung entstehen verschiedene Arten von Malz: Pale, Pilsen, Wiener, Münchner, Caramel oder Crystal, Schokolade … Die Farbe ist eines der Unterscheidungsmerkmale. Die Farbe eines Bieres variiert je nach verwendetem Malz. Es gibt Maßeinheiten, mit deren Hilfe Malze nach ihrer Farbe eingeteilt werden können. In Europa wird die EBC-Farbtabelle (European Brewery Convention) verwendet, während man in Nordamerika die SRM (Standard Reference Method) bevorzugt. Diese beiden Tabellen berechnen die Farbe nicht auf dieselbe Art und Weise. Hier ist anzumerken, dass es auch die Einheit Grad Lovibond gibt, eine alte Skala mit 25 Werten, die für die Bestimmung der Farbe von Kaffee, geröstetem Malz, Honig und Bier genutzt und vom englischen Bierbrauer Joseph Williams Lovibond (1833–1918) entwickelt wurde.

Die Farbe des Korns, aber auch die verwendete Menge an Korn verleihen dem Bier seine endgültige Farbe.

Ein Bier mit ungefähr 5 Vol.-% Alkohol zum Beispiel, das zu 80 % aus Pilsner Malz mit 4 EBC und zu 20 % aus Caramalz mit 120 EBC besteht, ist ein bernsteinfarbenes Bier mit 30 EBC. Behält man dieses Verhältnis bei, erhöht aber insgesamt den Malzgehalt, ist das Ergebnis ein dunkel-bernsteinfarbenes Bier mit 40 EBC und 7 Vol.-% Alkohol. Ein Bier mit derselben Farbe (aber nicht mit demselben Geschmack) erhält man, wenn man 98 % Pilsner Malz mit 4 EBC und 2 % geröstetes Malz mit 1100 EBC mischt.

Die EBC-Werte stellen in erster Linie eine Hilfe dar, wenn es darum geht, die Prozentanteile des Rezeptes auf Papier zu ermitteln. Diese Angabe erlaubt es, die Auswirkungen der Verwendung von verschiedenen Malzen bereits vor dem Brauvorgang zu sehen. Sie können das Ganze spannender gestalten, indem Sie stärkere Malze hinzufügen, aber dabei ausgesprochen sparsam sind (die dunkelsten, intensivsten Biere enthalten zum Beispiel maximal 12 % geröstetes Malz.

DIE UNTERSCHIEDLICHEN FARBEN VON BIER

JE NACH ZUSAMMENSETZUNG DER MALZE

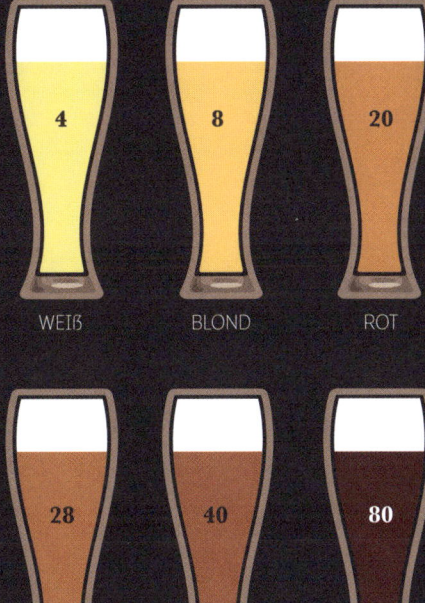

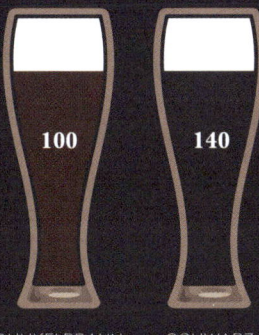

DIE ZERKLEINERUNG DES MALZES

Bevor man das Malz zum Brauen verwenden kann, muss es zerkleinert werden. Dieser Handgriff besteht darin, das Malz in kleine Stücke zu zerbrechen, um seine Berührungsfläche mit dem Wasser während des Brauvorganges zu vergrößern. Das Ziel besteht darin, die im Korn enthaltene Stärke so einfach wie möglich erreichbar zu machen und sie so ergiebig zu machen.

Wird das Malz zu fein zerkleinert, wird der Treber zu einer kompakten Masse, die für das Ausschwemmwasser nicht durchlässig ist. Wird das Malz zu grob zerkleinert, geht das Abläutern zwar sehr einfach, aber der Ertrag ist nicht ausreichend. Die Schwierigkeit dieser Etappe liegt darin, einen guten Kompromiss bei der Feinheit des Schrots zu finden.

> Das Zerkleinern erlaubt es, eine möglichst große Menge an Stärke aus der Gerste zu gewinnen und einen Treberkuchen zu erzeugen, der beim Ausschwemmen als Filter dient.

Die Qualität des Schrots hängt von der Art der Schrotmühle und ihrer Einstellung (Geschwindigkeit, Stellung der Walzen), aber auch von der Feuchtigkeit des Malzes ab (Körner, die zu feucht sind, werden zerquetscht und nicht gemahlen). Gutes Schrot enthält kein einziges ganzes Korn! Die Schalen sollten so intakt wie möglich bleiben, während der innere Teil des Korns wie grober Grießbrei gemahlen werden sollte (oder wie Bulgur, wenn Ihnen das lieber ist). Im Allgemeinen hat ein gut gemahlenes Schrot folgende Zusammensetzung: 20 bis 25 % Schalen, 45 bis 50 % Grütze und 30 bis 35 % Mehl.
Sobald der Zerkleinerungsvorgang abgeschlossen ist, müssen Sie bereit für die darauffolgenden Etappen sein, da das zerkleinerte Malz schnell genutzt werden muss oder zumindest für maximal einige Tage in luftdichten Säcken an einem tro-

Wie zerkleinert man das Malz?

Hierbei haben Sie verschiedene Möglichkeiten. Wenn Sie das Malz bei einem lokalen Bierbrauer kaufen, kann es sein, dass er Ihnen anbietet, es für Sie zu mahlen, oder dass er es Ihnen bereits zerkleinert verkauft. Wenn Sie das Malz im Internet oder in einer lokalen Mälzerei kaufen, müssen Sie es selbst zerkleinern. Es gibt elektrische oder manuelle Malzmühlen, die auf spezialisierten Internetseiten angeboten werden. Dennoch sollten Sie, bevor Sie in teure Geräte investieren, die Kleinanzeigen im Internet im Auge behalten. Dort finden Sie vielleicht gebrauchte Mühlen, die bei weitem ausreichend sind. Im Gebrauchtwarenladen findet man manchmal auch wahre Schätze für wenig Geld, mit denen sich Malz wunderbar schroten lässt (Kurbel-Kaffeemaschinen oder Ähnliches). Diese besitzen Knöpfe, mit denen sich der Mahlvorgang regeln lässt. Machen Sie zuerst einen Testlauf mit 100 g Malz und passen Sie die Einstellungen dann entsprechend an: Ganze Körner sollten nicht herauskommen, aber auch kein Mehl! Hier gilt es, den goldenen Mittelweg zu finden.

DIE UNTERSCHIEDLICHEN MALZFARBEN

NACH DER EBC

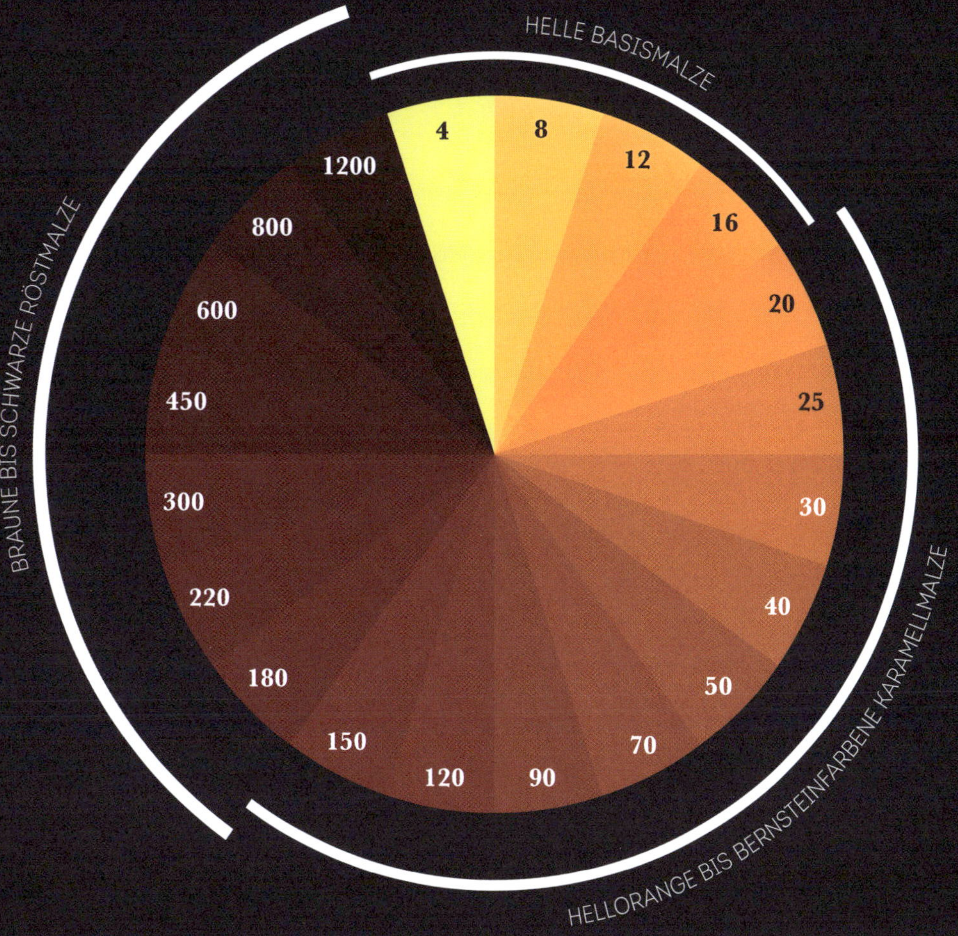

HELLE BASISMALZE

BRAUNE BIS SCHWARZE RÖSTMALZE

HELLORANGE BIS BERNSTEINFARBENE KARAMELLMALZE

4
8
12
16
20
25
30
40
50
70
90
120
150
180
220
300
450
600
800
1200

ckenen und gut belüfteten Ort gelagert werden kann (die Lagerung im Keller sollte also vermieden werden). Andernfalls läuft es Gefahr, feucht zu werden, was ganz und gar nicht wünschenswert ist, will man damit brauen.

GLEICHGEWICHT DER MALZE: EIN VERHÄLTNIS, DAS BEIM BRAUEN EINGEHALTEN WERDEN MUSS

Es ist unbedingt notwendig, dass die Basismalze mindestens 60 bis 70 % der Masse ausmachen, damit das Bier gelingt. Der niedrige Zuckergehalt dunkler Malze ist auch durch die erhöhte Temperatur, bei der gedarrt oder geröstet wird, bedingt, die die Stärke denaturiert. Je länger Malz geröstet wird, desto mehr werden die Enzyme zerstört. Hier ist anzumerken, dass es diastatische Malze gibt, die, wie der Name schon sagt, über beträchtliche enzymatische Kraft verfügen. Diese machen es möglich, größere Mengen nicht gemälztes Getreide hinzuzufügen, werden jedoch vor allem für industriell hergestellte Biere verwendet. Diese beinhalten aus Kostengründen besonders viel nicht gemälztes Getreide.

VERZUCKERUNG DER STÄRKE

Im Kapitel über das Malzen haben wir gesehen, dass die Getreidekörner, die reich an Stärke sind, als Basis für die Herstellung der süßen Bierwürze dienen. Aber welche biochemischen Abläufe sind es, im Zuge derer die Zucker ins Brauwasser übergehen? Dies machen Werkzeuge mit Superkräften möglich, und zwar Enzyme. Wer ihre Funktionsweise versteht, versteht das Herzstück des Bierbrauvorganges!

DIE UMWANDLUNG VON STÄRKE IN ZUCKER: EINE SCHLÜSSELETAPPE BEI DER BIERHERSTELLUNG

Der biochemische Vorgang, bei dem Zucker aus Gerstenstärke hergestellt wird, wird als Stärkeverzuckerung oder Saccharifizierung (von lateinisch *saccharum,* was „Zucker" bedeutet) bezeichnet. Dieses Monosaccharid mit der Endung „-ose" (wissenschaftliches Suffix für Zucker) schmeckt am süßesten, weshalb es den Namen „Saccharose" trägt. Malz enthält wenig Saccharose, aber dafür andere Zucker, darunter hauptsächlich Maltose.

Die Umwandlung von Gerstenstärke in verschiedene Zucker ist unerlässlich, da:
• bestimmte so entstehende Einfachzucker, wie Maltose, die Hefe ernähren und sich im Zuge des Gärungsprozesses in Alkohol und Kohlendioxid verwandeln.

Verzuckerung durch Speichel

In der Antike – und mancherorts noch heute – wurde die Verzuckerung durch das Kauen des Getreides (oder der Wurzeln) hervorgerufen, das anschließend in Gärgefäße gespuckt wurde. Speichel produziert Ptyalin, eine Amylase (Stärke-Enzym), das den Verzuckerungsprozess möglich macht. So stellen die Tupi-Frauen (Brasilien) ein Bier aus gekauter Quinoa her; in Französisch-Guyana wird *kachiri* (oder Chicha) aus gekauten Maniokwurzeln und Kalalu mit violetten Yamswurzeln hergestellt.

• andere, komplexere Zucker nicht von der Hefe verwertet werden und für den Körper und den Geschmack des Bieres sorgen.

Sie haben es verstanden: kein Zucker, kein Bier!

Die Verzuckerung wird mit verschiedenen Methoden durchgeführt. Bevor wir jedoch die Methoden beschreiben, nehmen wir uns die Zeit, dieses biochemische Phänomen zu erklären: Sprechen wir über die berühmten Enzyme!

FÜR DIE ZERSETZUNG DER STÄRKEKETTE VERANTWORTLICHE ENZYME

Stärke ist eine komplexe Kette aus Glukoseeinheiten, die auf zwei Arten miteinander verbunden sind und entweder Ketten oder Verzweigungen bilden. Stärke kann man sich als eine Art Koralle vorstellen.

Ein Enzym ist ein biologischer Katalysator: Es handelt sich um ein großes Protein, das die Umwandlung chemischer Verbindungen in Gang setzen kann. Jedes Enzym hat eine ganz spezielle Form und ist auf ganz bestimmte Aufgaben spezialisiert. Genauso wie ein Kreuzschlitzschraubenzieher auf den Kopf einer Kreuzschlitzschraube passt, hat die Amylase eine ganz bestimmte Form, die es ihr erlaubt, die Stärkeverbindungen anzugreifen und sie in kleine Stücke zu zerteilen. Sehen wir uns nun die Funktionsweise jener beiden Enzyme an, die für uns von besonderem Interesse sind: Alphaamlase und Betaamylase.

Alphaamylase
Dieses Enzym ist in der Lage, die Stärke beinahe an jeder Stelle in grobe Stücke zu zerteilen. Es kann zwar keine Verzweigungen zerschneiden, diese behindern es aber auch nicht. Es hangelt sich in Ruhe das Stärkemolekül entlang und zerteilt es hier und dort. Es bevorzugt die langen Glukoseketten, und viele solche Glukoseketten weisen Verzweigungen auf. Diese unterschiedlichen und vielfältigen Moleküle sind relativ groß, aber löslich und zuckerhaltig; man bezeichnet sie als Dextrine. Sie sind zu groß, um von den Hefen bei der Gärung genutzt zu werden; sie werden also nicht zu Alkohol umgewandelt, sondern bleiben in Form von Zucker im Bier.

Betaamylase
Dieses Enzym ist in der Lage, Stärke in kleine Zweifachzucker zu zerteilen (Maltose). Aufgrund ihrer speziellen Form kann Betaamylase die Stärkekette nur beginnend von einem der Enden bearbeiten. Trifft es auf eine Verzweigung, beendet es seine Arbeit.

TEMPERATURSTUFEN

Wie aber wählt man sein Werkzeug aus? Wie nutzt man Alphaamylase, die süße Dextrine erzeugt, die man dann im Bier wiederfindet, und wie nutzt man Betaamylase, die Maltose erzeugt, die in weiterer Folge zu Alkohol umgewandelt wird? Glücklicherweise ist die Natur hier gut beschaffen, und diese beiden Enzyme werden nicht bei derselben Temperatur aktiv. Dies können wir ausnutzen.

Die Alphaamylase funktioniert optimal bei etwa 70 °C und die Betaamylase bei ungefähr 62 °C. Andere Faktoren können hier mitspielen, wie etwa Säuregehalt (pH-Wert) oder Wassergehalt der Maische. Man beachte jedoch, dass die Temperatur den ausschlaggebendsten Faktor darstellt und auch so gut wie den einzigen, den man einfach beeinflussen kann. Das Schema auf S. 38 zeigt die Aktivität jedes Enzyms je nach Temperatur.

DIE VERSCHIEDENEN METHODEN DER VERZUCKERUNG

Bei der Beschreibung der Verzuckerungstechniken unterscheidet man verschiedene Temperaturstufen und Erhitzungstechniken.

1. Sehr komplexes Kohlenhydrat – Stärke
Dieses komplexe Molekül besteht aus zahlreichen Glukosemolekülen mit langen Ketten und Verästelungen und kann von den Hefepilzen nicht verwertet werden. Kommt Stärke mit heißem Wasser in Berührung, lösen sich die Ketten aufgrund der Aktivität der Enzyme (Alpha- und Betaamylasen) auf.

2. Einfaches Kohlenhydrat (aus zwei Bausteinen) – Maltose
Zwei miteinander verbundene Glukosemoleküle bilden Maltose. Dieser Einfachzucker wird vom Ende der Stärkekette dank Betaamylase losgelöst.

3. Komplexes Kohlenhydrat (kurze Molekülkette) – Dextrin
Dieser Zucker besteht aus einer mehr oder weniger verästelten Glukosekette und wird von der Alphaamylase an vielen Stellen herausgelöst.

DIE ZERSETZUNG VON STÄRKE DURCH ENZYME

ALPHAAMYLASEN UND BETAAMYLASEN

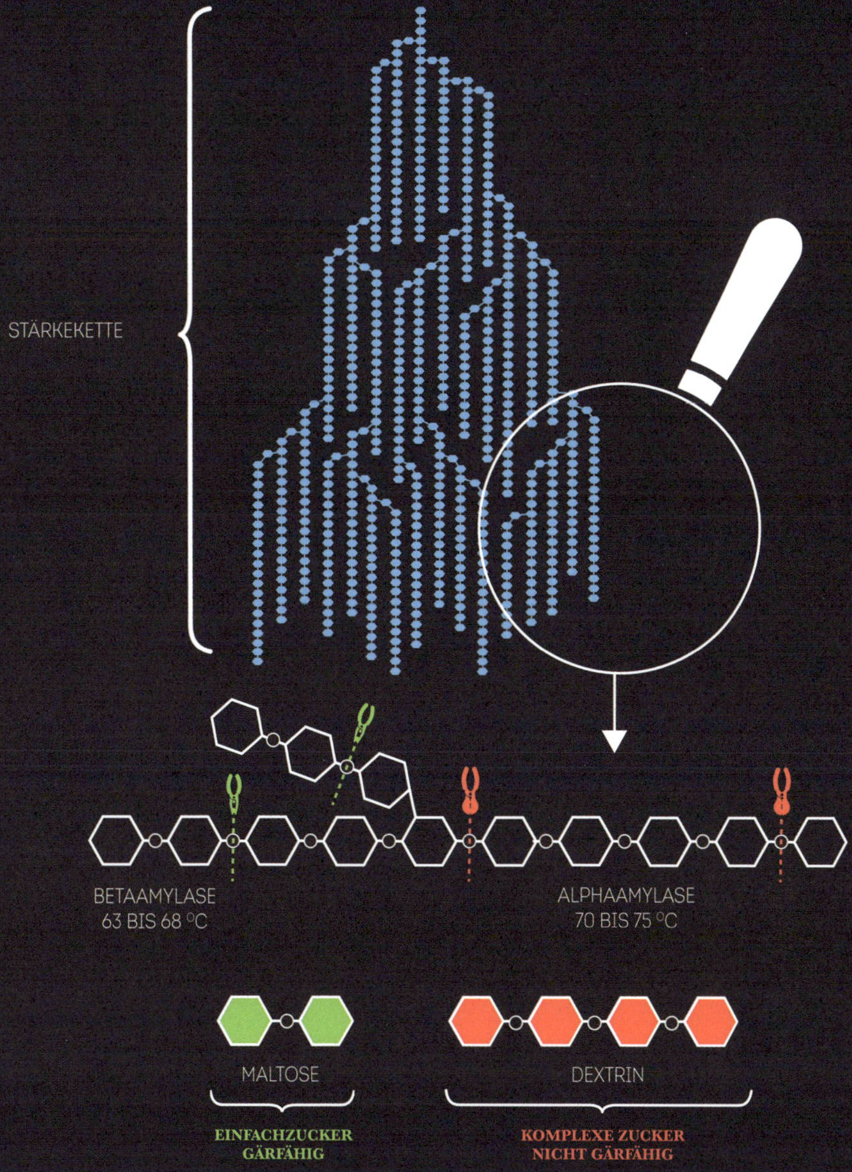

STÄRKEKETTE

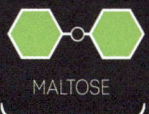

BETAAMYLASE
63 BIS 68 °C

ALPHAAMYLASE
70 BIS 75 °C

MALTOSE

DEXTRIN

EINFACHZUCKER
GÄRFÄHIG

KOMPLEXE ZUCKER
NICHT GÄRFÄHIG

ENZYMAKTIVITÄT
BEIM BRAUEN DER MAISCHE
(WÄHREND EINER STUNDE)

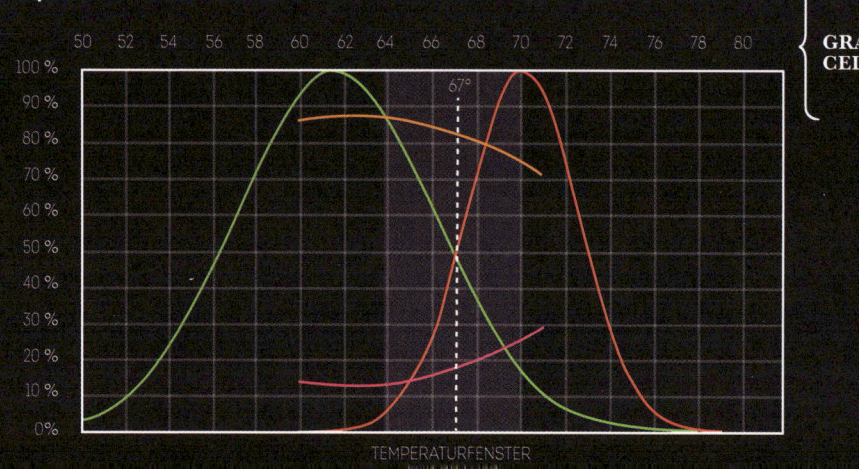

AKTIVITÄTS-POTENZIAL

GRAD CELSIUS

50 52 54 56 58 60 62 64 66 68 70 72 74 76 78 80

100 %
90 %
80 %
70 %
60 %
50 %
40 %
30 %
20 %
10 %
0%

67°

TEMPERATURFENSTER FUR BRAUER

BETAAMYLASEN   ALPHAAMYLASEN   DEXTRINE   GÄRFAHIGKEIT

1. Temperaturstufen

Einstufiges Verfahren: Eine einzige Temperaturstufe zur Verzuckerung wird eingesetzt. Indem man auf diese eine Temperatur setzt, unterstützt man entweder die Betaamylase oder die Alphaamylase. Diese Methode verwenden wir in unseren Rezepten, weil sie einfacher ist und für exzellente Ergebnisse sorgt!

Mehrstufiges Verfahren: Mindestens zwei Temperaturstufen werden angewendet. Indem die Maische mehr oder weniger lang auf den verschiedenen Stufen, auf denen je ein Enzym aktiv ist, gehalten wird, wird entweder die Betaamylase oder die Alphaamylase unterstützt.

Warum wir eine einzige Temperaturstufe bevorzugen

Die Bierbraubücher für Hobbybrauer beschreiben sehr oft Verfahren mit mehreren Verzuckerungsrasten, so als ob jedes Enzym seine Arbeit nur bei seiner Optimaltemperatur machen würde! Dies ist eine etwas zu mechanische Sicht auf die Biologie, da die angegebenen Temperaturen Idealwerte sind und die Enzyme auch weiterarbeiten, wenn diese Temperaturen nur ungefähr erreicht sind. Deshalb ist es einfacher, mit einer einzigen Verzuckerungsrast zu arbeiten und sich dabei an der Grafik der Enzymaktivität zu orientieren.

Eiweißrast

In zahlreichen Werken wird empfohlen, eine Eiweißrast bei ungefähr 50 °C durchzuführen. In der Geschichte enthielt Gerste oftmals viel Eiweiß und man beherrschte die Technik des Malzens noch nicht so gut, daher setzte man diese Rast ein, um das Eiweiß zu zersetzen. Heute, mit modernen Malzen, ist das nicht mehr notwendig und wirkt sich manchmal sogar negativ auf die Langlebigkeit des Bierschaumes aus. Wir nutzen eine solche Rast, die die Rezepte verkompliziert und nichts bringt, also nicht. In der Brauerei Ouche Nanon wird wie in vielen anderen eine einzige Rast praktiziert und die Haltbarkeit unseres Bierschaums ist immer ausgezeichnet!

2. Erhitzungsmethode

Hier gibt es drei Schulen.

– Direkte Erhitzung: Ein Feuer unter einem Kessel, man erhitzt das Wasser, vermischt die Zutaten, erreicht die Rast oder Rasten, indem man mehr oder weniger stark erhitzt, und die Sache ist erledigt.

– Infusion: Hier wird nur das Wasser in einem Kochgefäß erhitzt und anschließend in einen isolierten Braukessel gegossen (eine Art riesengroße Thermoskanne, mit der die richtige Temperatur über lange Zeit gehalten werden kann). Diese Technik erspart Ihnen das konstante „Brauen" der Maische (Mischung aus Malz und Wasser, die einen Brei bildet); hier besteht nicht das Risiko, das etwas am Boden des Kessels anbrennt. Hingegen ist hier eine Unterstützung durch Computer (Software) nötig, da die Wassermenge und die Temperatur genau berechnet werden müssen und keine Änderungen möglich sind.

– Dekoktion: Bei dieser Methode wird ein Teil der Maische in das Kochgefäß umgefüllt. Diese Methode wird in handwerklichen Brauereien sehr selten eingesetzt, da sie zu kompliziert umzusetzen (Umfüllen der kochenden Maische) und schwer erfolgreich durchzuführen ist (es besteht die Gefahr, dass die Maische „am Boden festklebt").

Die Technik, die wir für die einfachste und effizienteste für den Hobbybrauer halten, ist das Brauen mit Direkterhitzung und einer einzigen Verzuckerungsrast.

Die Maische wird konstant auf einer Temperatur von 64 bis 70 °C gehalten, was durch geschickte Regelung der Hitzequelle über ein bis zwei Stunden erreicht wird:
– Eine Maische, die eine Stunde lang auf 64 °C erhitzt wird, ergibt ein leichtes und trockenes Bier.
– Eine Maische, die eine Stunde lang auf 70 °C erhitzt wird, ergibt ein Bier mit Körper (lesen Sie: „süß"). Diese Temperaturregelung sorgt dafür, dass Stärke durch Amylasen zersetzt wird und für ein gutes Verhältnis zwischen vergärbaren Zuckern (für den Alkohol) und nicht vergärbaren Zuckern (für die Rundheit). Die zweite Rast bei 75 °C ist keine Verzuckerungsrast, sondern setzt dem Vorgang ein Ende, indem die Enzyme zerstört werden.

3. Und wie machen es die Profis?
Die Methode der Direkterhitzung, entweder mit einer einzigen Rast oder mit mehreren Rasten, wird in zahlreichen handwerklichen Brauereien verwendet. Jedoch arbeiten bestimmte Brauereien mehr und mehr mit einer einzigen Rast und dem Infusionsverfahren: Es wird der Maische nicht von unten Hitze zugeführt, sondern es wird heißes Wasser in einen großen, isolierten Kessel gebracht, um die einzelne Rast zu erreichen. Fast alle englischen Biere werden auf diese Art gebraut.

Die Eigenschaften der Amylasen

Alphaamylase:
- erreicht ihre maximale Aktivität bei etwa 70 °C
- zerteilt Stärke an beliebigen Stellen in große Stücke (Dextrine)
- erzeugt Würze mit hohem Anteil an nicht vergärbaren Zuckern
- macht es so möglich, dem Bier Zucker und Rundheit zu verleihen

Betaamylase:
- erreicht ihre maximale Aktivität bei etwa 62 °C
- zerschneidet Stärke in kleine Teile (Maltosen)
- erzeugt Würze mit hohem Anteil an vergärbaren Zuckern
- verleiht dem Bier Alkohol

Ist es sinnvoll, den pH-Wert meines Bieres zu messen?

Wie die Temperatur spielt auch der Säuregehalt der Maische eine Rolle bei der Verzuckerung, wenn auch keine so entscheidende. Wenn Sie die Temperatur der Würze bei den einzelnen Rasten korrekt steuern, ist es nicht nötig, den pH-Wert der Würze zu messen. Es kann aber unterhaltsam sein, einen pH-Messstreifen hineinzutauchen, um den Säuregrad Ihrer Maische zu bestimmen. Der Idealwert liegt bei etwa 5,5.

HEFEN UND GÄRUNGS-VORGANG

- - - - - - - - - - - - - -

Ohne Hefe kein Alkohol. Ob es sich um indigene oder gezüchtete Hefen handelt, sie bilden das Herzstück des Gärungsprozesses bei der Bierherstellung. In diesem Kapitel erfahren Sie, wie sehr die Hefen auch den Geschmacksaspekt und die Haltbarkeit des Bieres beeinflussen. Wer sind diese Hefen und wie interagieren sie auf biochemischer Ebene mit der Würze? Wie wählt man die passende Hefe aus? Entschlüsseln wir nun diese Zuckerfresser der Gattung *Saccharomyces ...*

HEFEN – MIKROSKOPISCH KLEINE PILZE „MIT EINER SCHWÄCHE FÜR SÜSSES"

- -

Hefen sind einzellige Mikroorganismen, die unter den richtigen hygrometrischen und kalorimetrischen Voraussetzungen die Fähigkeit haben, die Gärung von tierischem oder pflanzlichem organischen Material hervorzurufen.

Sie gehören zum Reich der Pilze und werden zum Großteil derselben Abteilung zugeordnet wie Morcheln und Trüffel, und zwar jener der Ascomyceten. Sie haben unterschiedliche Formen (rund, oval, ellipsenförmig, zylindrisch ...) und Rollen, ähnlich Bakterien und Schimmelpilzen. Bestimmte Hefepilze sind Krankheitserreger, wie zum Beispiel jene der Gattung *Candida,* die für Mykose und Mundsoor bei Säuglingen verantwortlich sind. Andere sind nützlich, wie etwa jene der Gattung *Saccharomyces,* von denen einige Arten die Bierherstellung möglich machen.
Die Gärung eines zuckerhaltigen Saftes (hier der Bierwürze) kann mit der Hilfe von indigenen Hefen stattfinden, die in der Umgebungsluft enthalten sind. Dabei jedoch besteht das Risiko eines ungefähren und unkontrollierbaren Ergebnisses. In Europa sind nur einige wenige Brüsseler Braumeister in der Lage, diese Spontangärung durchzuführen (mit der indigenen Hefe *Brettanomyces bruxellensis*), und zwar die Hersteller des *Lambic*-Bieres.

Heute wird der überwiegende Teil der Gärvorgänge mit gezüchteter Hefe durchgeführt. Diese garantiert einen bei jedem Brauvorgang gleichbleibenden Geschmack und gleichbleibende Eigenschaften.

DIE BEIDEN ZUR BIERHERSTELLUNG GENUTZTEN HEFESTÄMME

Bierhefen sind „gute" Hefearten, die genau zu diesem Zweck ausgewählt wurden. Sie sind Bedingung für das gelungene Brauen und werden je nach Bierstil und gewünschter Gärung (Ober- oder Untergärung) ausgesucht. Die beiden meistverwendeten Hefen sind *Saccharomyces cerevisiae* und *Saccharomyces pastorianus.*

	Obergärung	Untergärung
Hefestamm	*Saccharomyces cerevisiae*	*Saccharomyces pastorianus*
entstehende Bierstile	Ale: englische, amerikanische, belgische, französische Biere	Lager: deutsche, dänische, tschechische Biere
empfohlene Gärtemperatur	18 bis 25 °C	7 bis 12 °C
ungefähre Dauer der Hauptgärung	kurz, 2 bis 6 Tage	lang, 7 bis 10 Tage
Verhalten	Die Hefen bewegen sich nach der Gärung an die Oberfläche der Würze.	Die Hefen setzen sich nach der Gärung unten in der Würze ab.
Geschichte	Der Name dieser Hefe leitet sich vom Bier der Kelten, Cervisia, ab.	Diese Hefe ist nach Louis Pasteur benannt.

Lager-Hefen: Saccharomyces pastorianus, uvarum oder carlsbergensis?

In Büchern und Foren über Bier und manchmal sogar in wissenschaftlichen Studien fällt eine gewisse taxonomische Verwirrung hinsichtlich der untergärigen Hefestämme auf. Ältere Quellen sprechen von der Art mit dem Namen *carlsbergensis*, biochemische Studien erwähnen manchmal die Art *uvarum*, andere die Art *pastorianus*. Welche davon ist richtig? Dies hängt von den Klassifikationen ab. Es gibt mehrere Schulen, wobei *carlsbergensis* der alte Name von *pastorianus* ist. *Saccharomyces uvarum* ist eine hybride Hefe, entstanden aus *Saccharomyces pastorianus* oder *carlsbergensis* und einem Stamm der Art *Saccharomyces cerevisiae*.

Kann man mit Backpulver Bier herstellen?

Im Internet findet man manchmal Bierrezepte zum Selbermachen, wo einfach von „Hefe" gesprochen wird. User fragen dann, ob sie Backpulver verwenden können (im Französischen bedeutet z. B. *levure* Hefe oder Backpulver). Die Antwort ist nein! Es handelt sich in den meisten Fällen um Natriumbikarbonat und Weinstein (Nebenprodukt der Weinherstellung), inerte Substanzen, während Bierhefe etwas Lebendiges ist. Deshalb bezeichnet man dieses Mittel in Bio-Geschäften als „Backtriebmittel" und nicht als „Backpulver," was eine fehlerhafte Bezeichnung ist.

DIE FORTPFLANZUNGSART DER HEFEN

Auf einem angepassten Nährboden wie der Bierwürze vermehrt sich die Hefe durch Sprossung (asexuelle Fortpflanzungsweise durch Mitose). Ein winzig kleiner Spross bildet sich auf der Mutterzelle; nach einer Stunde ist sein Wachstum abgeschlossen und diese neue Zelle beginnt selbst mit der Ausbildung von Sprossen, und dieser Prozess wiederholt sich. Bei der Gärung – vorausgesetzt, diese läuft unter günstigen Voraussetzungen ab – wächst die Population um das Zehnfache! Hefepilze sind größer als Bakterien, aber entwickeln sich langsamer und daher ist es unbedingt notwendig, die Hefe unter guten hygienischen Bedingungen anzusetzen (s. S. 88).

ALKOHOLISCHE GÄRUNG

Bierwürze besteht nach dem Kochen aus Zuckern, Sauerstoff, Aminosäuren, Lipiden, Polyphenolen, Mineralsalzen und Vitaminen. Dies stellt ein für Hefen günstiges Milieu dar und erlaubt diesen die Erzeugung von:
– Alkohol (Haltbarkeit des Bieres, Geschmack),
– CO_2 (Bildung von Blasen und Schaum),
– Nebenprodukten der Gärung (höhere Alkohole, Ester).

In der Natur geht nichts verloren. Alles wird umgewandelt. Bier und der Vorgang der alkoholischen Gärung sind keine Ausnahme. Sehen Sie sich die chemische Formel an, addieren und multiplizieren Sie die Atome miteinander und Sie werden sehen, die Rechnung stimmt!

Aerob = Atmung

Zucker + Sauerstoff >>> Kohlendioxid + Wasser + Energie
$C_6H_{12}O_6$ $6\ O_2$ $6\ CO_2$ $6\ H_2O$ 674 Kalorien

---------------- Fortpflanzung und Vermehrung der Hefen ----------------

Anaerob = Gärung

Zucker >>> Alkohol + Kohlendioxid + Energie
$C_6H_{12}O_6$ $2\ C_2H_5OH$ $2\ CO_2$ 22 Kalorien

Kohlenstoff – Wasserstoff – Sauerstoff

Ist Sauerstoff vorhanden (aerob) und ist die Hefe rehydriert, beginnt sie zu atmen und vermehrt sich. Diese Etappe ist gekennzeichnet durch den Kontakt mit Sauerstoff und ist essenziell dafür, dass die Hefe sich in Massen ausbreitet und gegen die Bakterien gewinnt (s. „Hygiene in der Brauerei", S. 88). Ist keine Luft vorhanden (anaerob), entwickeln die Hefen eine Überlebensstrategie, die darin besteht, die Zucker, mit denen sie in Kontakt kommen, in Alkohol umzuwandeln.

Während jeder dieser Phasen entsteht sehr viel Kohlendioxid: Aus diesem Grund ist es wichtig, einen Gärverschluss auf dem Gärbehälter zu platzieren, damit dieser nicht explodiert. Braumeister nutzen diese Fähigkeit der Hefe, zu überleben und sich an dieses nun für sie feindliche Milieu anzupassen, aus.

Hefen sind etwas Außergewöhnliches! Sie können in zwei verschiedenen Milieus (über-)leben. Ist Luft vorhanden, nutzen sie die Atmung. Ist keine Luft vorhanden, nutzen sie die Gärung.

Reaktivierungs- und Latenzphase (erste 30 Minuten)

Sie beginnt in jenem Augenblick, in dem die Hefe mit sterilem Wasser oder Würze in einem Hefegefäß in Kontakt kommt (s. S. 82). Nach und nach passt sie sich der neuen Umgebung an.

Die Hefen werden rehydriert und bilden eine cremige Masse im Hefegefäß. Sobald sie bei der richtigen Temperatur in die Würze getaucht worden sind, können sie sich vermehren. Hier scheint es so, als würde sich im Gärbottich nichts tun.

Die Phase der Atmung/Vermehrung (nach der 30. Minute bis zum zweiten Tag)

Die Hefekolonie beginnt, sich in der aeroben Umgebung schnell zu vermehren und die Anzahl der Zellen steigt exponentiell. Im Laufe dieser

Etappe kommt es dazu, dass eine für die darauffolgende Hauptgärung ausreichend große Hefepopulation entsteht.
Die Oberfläche der Würze ist von einer dicken, cremefarbigen Schaumschicht bedeckt (Kräusen).

Die Hauptgärung/primäre Gärung oder alkoholische Gärung (vom zweiten bis zum sechsten oder neunten Tag)

Sobald der gesamte in der Würze vorhandene Sauerstoff aufgebraucht worden ist, greifen die Hefen die Zucker an, die dadurch eine Reihe enzymatischer Reaktionen durchlaufen, die es möglich machen, die Glukosemoleküle zu zersetzen, aus denen sie bestehen. Bei diesem Vorgang entsteht viel Energie (und damit Wärme). Damit ist der Gärvorgang in Gang gesetzt.

Nun lassen sich langsam kleine Bläschen an der Oberfläche der Würze erkennen. Der Gärverschluss beginnt, gluckernde Geräusche von sich zu geben, was zeigt, dass Kohlendioxid ausgeschieden wird. Das ist ein gutes Zeichen!

Glukose und Fruktose sind am Ende des zweiten Tages komplett verarbeitet worden, während Maltose und Maltotriose ihren Weg bis zum siebten Tag fortsetzen, bis auch sie zur Gänze verarbeitet worden sind. Einzig die nicht vergärbaren Zucker, die Dextrine, bleiben übrig. Was die Aminosäuren betrifft, so werden diese zu Peptiden und Proteinen umgewandelt.
Der Gärverschluss gluckert unablässig, die alkoholische Gärung läuft auf Hochtouren, die Hefen wollen leben, koste es, was es wolle!

Die Nachgärung/Lagerung (während zwei bis fünf Wochen)

Wenn die Nährstoffe zur Neige gehen, verringert sich die Aktivität der Hefen genauso wie die Kohlendioxidproduktion. Die Hefen begeben sich nach und nach in die Ruhephase.
Der Schaum ist stark zurückgegangen, das Kräusen ist verschwunden und der Gärverschluss gluckert kaum mehr. Die Hefe sinkt zum Boden des Gärgefäßes und bildet einen Bodensatz (der auch als „Trub" bezeichnet wird).

Die Dauer der verschiedenen Etappen hängt vom verwendeten Hefestamm, seiner Lebensfähigkeit, seiner Vitalität und der Art der Gärung ab.

$$\text{1 g Zucker (gärfähiger Auszug)} = \text{0,5 g Alkohol} + \text{0,5 g } CO_2$$

ABLAUF DER
ALKOHOLISCHEN GÄRUNG

LEBENDE BAUSTEINE

BIERHEFE

+

VERGÄRBARE
EINFACHZUCKER
(HAUPTSÄCHLICH MALTOSE)

ANDERE ORGANISCHE
BAUSTEINE
(KOMPLEXE,
NICHT VERGÄRBARE ZUCKER)

MILIEU

BIERWÜRZE

IN KONTAKT MIT IN DER WÜRZE
ENTHALTENEM SAUERSTOFF

=

OHNE SAUERSTOFF

**DURCH ENZYME
ERMÖGLICHTER
BIOCHEMISCHER
VORGANG**

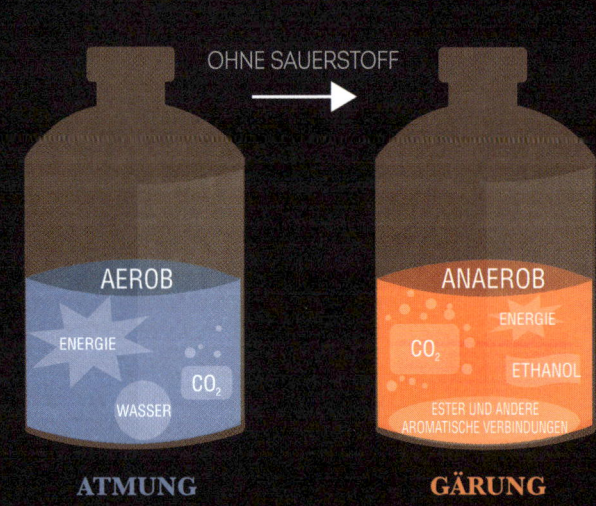

AEROB

ENERGIE

CO_2

WASSER

ATMUNG

ANAEROB

ENERGIE

CO_2

ETHANOL

ESTER UND ANDERE
AROMATISCHE VERBINDUNGEN

GÄRUNG

DIE VERSCHIEDENEN ARTEN VON BRAUHEFE

Die Auswahl an Hefen ist relativ breit, wobei bestimmte Stämme öfter verwendet werden als andere. Dies stellt eine entscheidende Etappe bei der Bierherstellung dar, denn das Bier soll dann auch die gewünschten Eigenschaften haben.

Bei der Umsetzung der von uns vorgeschlagenen Rezepte sollten Sie nicht von der vorgeschlagenen Hefe abweichen, da diese genau an den Bierstil angepasst ist und gute Ergebnisse erzielt. Mit der Zeit können Sie, wenn Sie wollen, diese Variable anpassen, aber immer unter Berücksichtigung des Bierstiles.

Obwohl es Hefen gibt, die in den Brauereien selbst hergestellt werden („hausgemachte Hefen"), kommt der größte Teil der in der Brauwelt verwendeten Hefen aus großen Laboren (Fermentis, Lallemand, Wyeast, Mangrove, Jack's Brewing ...). Diese findet man im Allgemeinen in zwei Ausführungen: aktive Trockenhefe oder Flüssighefe.

Welche Hefe ist geeignet?

	Aktive Trockenhefe	Flüssighefe
einfache Verwendung	+++ Kann in einem Glas mit etwas Würze wieder befeuchtet werden, um Zeit zu gewinnen.	++ Muss direkt in die Würze gegossen werden, wobei man das Säckchen auf eine bestimmte Art öffnen muss, um die Hefe zu aktivieren und damit sie sich zuvor ausdehnt.
Kosten	+++ etwa 3 Euro	+ etwa 9 Euro
Sortimentsgröße	+ ungefähr 15 Stämme	+++ etwa hundert Stämme
bestimmter Bierstil	ja	ja
Eigenschaften	neutral erlaubt, mit allen anderen aromatischen Zutaten zu spielen (Malz, Hopfen)	zeichnet sich klar ab, aromatischer. Erlaubt es, einem Bierstil treu zu bleiben.
Haltbarkeit	+++ 3 Jahre bei kühler und trockener Lagerung	+ 6 Monate im Kühlschrank In einem Alter von einem Monat dauert die Aktivierung einen Tag länger; in einem Alter von zwei Monaten zwei Tage länger ...

DIE BEDEUTUNG DER TEMPERATUR BEI DER GÄRUNG

Die Aktivität der Hefe wird sehr stark von der während der Gärung herrschenden Temperatur beeinflusst. Das Ziel ist die Herstellung von gutem Bier, nicht von schnellem Bier!

Die Gärtemperatur ist so ausschlaggebend, dass sich anhand dieser die Biere in zwei Kategorien einteilen lassen: obergärige, Ale-ähnliche Biere (englische, amerikanische und belgische Biere) und die anderen, untergärigen, lagerartigen Biere (deutsche und osteuropäische Biere).

Um eine gute Hefebeigabe sicherzustellen, sollte man die Hefe der Würze bei einer Temperatur hinzufügen, die etwas niedriger ist als die Temperatur jenes Raums, in dem das Gärgefäß untergebracht wird.

Ein Bier zum Beispiel, das bei zu hoher Temperatur gärt, entwickelt leichter Fremdgeschmäcke und das Gleichgewicht zwischen den Aromen ist instabiler. Ein Unterschied von ein paar Grad fördert entweder die Verstärkung oder das Verschwinden bestimmter Aromen. Die Gärung verläuft zwar schneller, aber die Vermehrung der Hefen nicht. So werden außerdem aromatische Nebenprodukte, die erwünscht sind (höhere Alkohole, Ester), abgeschwächt, während die nicht erwünschten (Diacetyl, das zu einem Geschmack nach ranziger Butter führt) stärker hervortreten.

Wenn die Temperatur bei der Hefegabe zu hoch (über 35 °C) oder zu niedrig ist (unter 10 °C), kann es schließlich passieren, dass die Hefe entweder stirbt oder inaktiv bleibt.

Kontrollieren Sie regelmäßig, ob Ihr Thermometer noch funktioniert, da es passieren kann, dass es falsche Temperaturen anzeigt!

Im Fall von Lagerbieren

Sie werden fragen: „Wie kann man die Temperatur eines Raums kontrollieren, in den man sein Gärgefäß stellt, vor allem, wenn man ein Lagerbier brauen möchte?" Die Antwort ist einfach: Wir stellen unsere Fässer in den Keller, oder – je nach Jahreszeit – in einen Kühlschrank (natürlich nicht den Küchenkühlschrank, da Sie dort sonst keinen Platz für anderes mehr hätten!). Konkret ist es für ein gutes Lagerbier wichtig, nicht nur eine passende Hefe zu finden, sondern auch die Gärung bei niedriger Temperatur und länger durchzuführen als für ein Ale.

STECKBRIEF EINES HEFESTAMMES

Nebenprodukte und aromatische Verbindungen

Die Aktivität der Hefen während der Gärung führt zur Bildung von Stoffen, die man als Nebenprodukte bezeichnet. Wie alle lebenden Organismen atmen Hefen, sie verdauen und scheiden aus, je nach Art unterschiedlich. Bestimmte Nebenprodukte sind erwünscht, andere nicht. Die Hefehersteller nennen die interessanten Aromen, die die Stämme erzeugen können.

– Höhere Alkohole: Diese werden zum größten Teil während der Hauptgärung gebildet. Bei der Nachgärung werden sie zum Großteil in Ester umgewandelt. Daher ist diese Phase auch so wichtig. Jener Teil, der als höhere Alkohole im Bier verbleibt, verstärkt das Gefühl der Wärme, das durch Ethylalkohol hervorgerufen wird.

– Ester: Diese stellen die wichtigsten bei der Gärung entstehenden aromatischen Verbindungen dar. Die meisten setzen für Biere erwünschte Aromen frei: Erdbeer (Ethylacetat), Banane (Isoamylacetat), grüner Apfel (Acetaldehyd). Diese Ester jedoch können in zu starker Konzentration zu nicht erwünschten Geschmäcken führen (Lösungsmittel/Ether).

– Organische Säuren: Sie sind das Ergebnis der Verdauung von Aminosäuren durch Hefen. Sie bewirken, unter anderem, dass der pH-Wert des Bieres sinkt und es so saurer wird.

> ### Lust auf Bier, das nach faulen Eiern schmeckt?
>
> Unerwünschte Nebenprodukte können Aroma und Geschmack Ihres Bieres verändern. Diacetyl verleiht dem Bier den Geschmack von ranziger Butter, Aldehyde das Aroma von sauren Äpfeln oder feuchter Pappe; Schwefelverbindungen den Geschmack von gekochtem Gemüse, von Kohl und manchmal sogar von faulen Eiern! Phenolverbindungen verleihen ihm medikamenten- und desinfektionsmittelähnliches Aroma, das Brauer manchmal bewusst herbeiführen.

Flockung und Sedimentation

Diese sind Indikatoren für die Fähigkeit der Hefen, sich zu sammeln und sich abzusetzen. Bei der Obergärung arbeiten sie im oberen Bereich des Fasses und treiben an der Oberfläche des Bieres. Sobald die Hauptgärung abgeschlossen ist, sinken sie nach und nach auf den Boden des Fasses ab und formen dort eine Sedimentationsschicht. Je stärker eine Hefe flockt, desto klarer wird das Bier. Umgekehrt, je weniger eine Hefe flockt, desto trüber wird das Bier. Ein Temperaturschock mit Kälte kann dabei helfen, dass sich die Hefe schneller setzt, und das Bier klarer werden lassen.

Vergärungsgrad

Der Vergärungsgrad gibt den Grad der Effektivität an, mit welcher eine Hefe Einfachzucker in Alkohol umwandelt. Damit kann man feststellen, ob ein Bier süßer oder stärker alkoholisch wird. Jede Hefe besitzt einen ganz spezifischen Vergärungsgrad, der zwischen 60 und 85 % liegt. Die Unterschiede sind auf die Arten von Zucker zurückzuführen, die eine bestimmte Hefe verwerten kann.

– Eine Hefe, die nur Einfachzucker verdauen kann, hinterlässt die in der Flüssigkeit gelösten Mehrfachzucker, die das Bier runder, süßer und weniger alkoholhaltig machen.

> *Niedriger Vergärungsgrad (60 bis 70 %) und höhere Enddichte*

– Ein Hefestamm, der auch Mehrfachzucker verdauen kann, führt im Ergebnis zu einem Bier ohne Restzucker, das trocken ist und mehr Alkohol enthält.

> *Hoher Vergärungsgrad (75 bis 85 %) und niedrige Dichte als Ergebnis*

Alkoholtoleranz

Ab einer gewissen Konzentration (ungefähr 15 Vol.-%) wirkt der Alkohol auf die Hefen wie ein Gift (die am stärksten alkoholhaltigen Getränke werden durch Destillation mit einer Destilliervorrichtung hergestellt). Der Großteil der Hefen verträgt einen Alkoholgehalt von etwa 8 Vol.-%, bestimmte Stämme jedoch vertragen bis zu 12 bis 14 Vol.-%. Wollen Sie ein Bier mit höherem Alkoholgehalt brauen, überprüfen Sie zuvor, ob Ihr Stamm diesen Alkoholgehalt verträgt, damit Sie nicht am Ende ein halb vergorenes Bier in der Hand halten, das wenig Aroma hat und vor allem zu viel Zucker enthält.

Gibt es Bio-Hefe oder zumindest Hefe ohne GMO?

Hefe aus genetisch modifizierten Organismen ist derzeit in Europa gesetzlich nicht zugelassen. Die Websites, die Hefe verkaufen, stellen meist ein Zertifikat zur Verfügung, das gewährleistet, dass die Hefe keine GMO enthält. Außerdem akzeptiert die Lebensmittelindustrie bis heute keine GMO, was umso mehr für die Brauindustrie gilt. Obwohl es keine Bio-Hefe in diesem Sinne gibt, kann jeder Brauer, der seine eigene recycelt, damit solche erzeugen.

WYEAST
Direct Pitch ACTIVATOR for Brewing
1099 Whitbread Ale
100 Billion Yeast Cells

HOPFEN

Dieser ist die Würze des Bieres, das Gewürz, das eine süße Bierwürze, die nach Getreide und Hefe schmeckt, in ein spritziges, ganz leicht bitteres und fruchtiges Getränk verwandelt. Einige Gramm der Hopfenzapfen genügen, vorausgesetzt, man weiß, wie man die einzelnen Sorten mischen muss, von denen jede eine Funktion hat und Know-how erfordert. Sie sehen schon, dass die Hopfengabe eine wichtige Etappe bei der Herstellung und für das Gelingen eines Bieres darstellt.

BOTANISCHER STECKBRIEF DES WILDEN HUMULUS LUPULUS

Dieser Hopfen ist schon eine merkwürdige Pflanze, eine grüne Liane und Schlingpflanze, die es um jeden Preis zum Licht zieht, wobei sie sich im Uhrzeigersinn um Baumstämme in die Höhe wickelt. Wie bei der Stechwinde haften seine Blätter an Fingern und Kleidung. Sie ähneln außerdem jenen der Weinrebe, haben aber sägezahnartig gezackte Blattränder, die an zwei verwandte Pflanzen mit zweifelhaftem Ruf erinnern: die Brennnessel und den Hanf. Die Hopfenzapfen (weibliche Blüten) sind kleine Teebeutel, die reich an einem goldenen Puder sind – dem Lupulin. Diesem gilt die ganze Aufmerksamkeit des Brauers.

Ordnung: Urticales
Familie: Hanfgewächse
Regionale Bezeichnungen: Hopfen, Heckenhopfen, Weidenhopfen
Pflanze: mehrjährig, Kletterpflanze, mit rauen, krautigen, rankenden, behaarten Stielen, die 6 bis sogar 8 m Höhe erreicht und vor allem an ihren Zapfen erkennbar ist (was die weiblichen Pflanzen betrifft). In freier Wildbahn hat sie eine Lebenserwartung von bis zu 50 Jahren.
Blätter: gegenständig, gestielt (verfügen über einen „Stängel" oder Stiel), herzförmig gelappt, mit drei bis fünf ovalen, gezackten Lappen, die den Blättern von Weinreben ähneln und rau sind.

QUERSCHNITT DURCH EINEN HOPFENZAPFEN

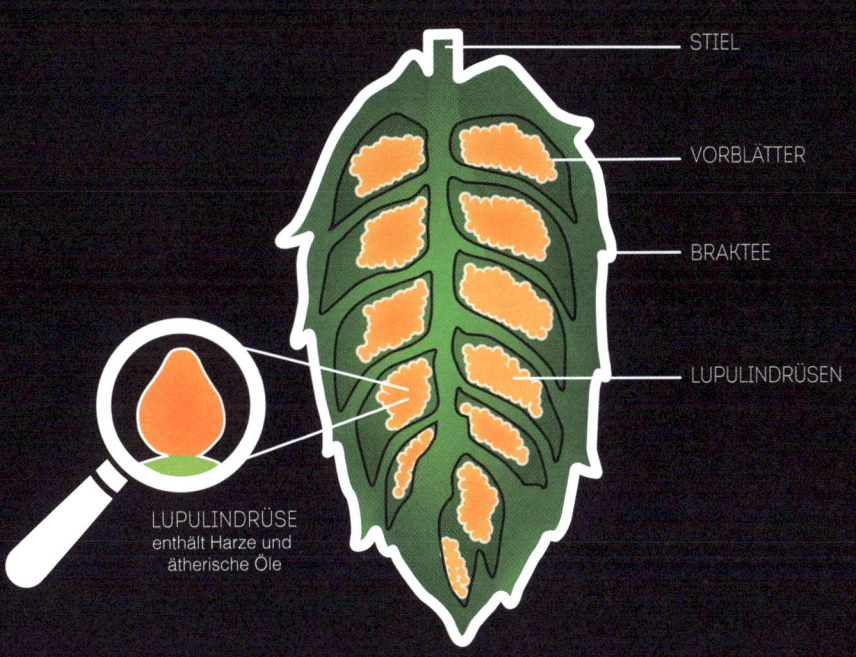

STIEL

VORBLÄTTER

BRAKTEE

LUPULINDRÜSEN

LUPULINDRÜSE
enthält Harze und
ätherische Öle

Blüten: männlich und weiblich (zweihäusige Art). Die männlichen Blüten sind klein, grünlich, stehen in Rispen und sind unauffällig. Die weiblichen Blüten hingegen sind zapfenförmig (Strobilus) und erinnern an einen kleinen, ovalen Kiefernzapfen mit zartgrünen, weichen Schuppen. Sie beherbergen die Lupulindrüsen, die reich an bitteren Harzen und duftenden ätherischen Ölen sind, die an den Blattachseln der Brakteen ein goldenes Puder bilden.

Geruchliche Eigenschaften: grüner Mentholduft, erinnert an Matcha-Tee, mit einem Hauch von Zitrusfrüchten, Gewürzen oder Blumen bei gezüchteten Arten, mit einem Hauch von Knoblauch bei wilden Arten.

Lebensraum: in feuchten Hecken, im Halbschatten, unweit von Wasserläufen, auf tonigen Böden, die reich an organischer Substanz sind.

Ernte: die Schösslinge („Hopfenspargel") im März und April, die Jungpflanzen und die nicht von den männlichen Blüten befruchteten Zapfen (weibliche Pflanzen) von Ende August (frühe Sorten) bis Ende September (späte Sorten).

Durchschnittlich wächst die Hopfenpflanze 10 cm pro Tag. Im Frühjahr erreicht sie Wachstumsspitzen von bis zu 50 cm pro Tag!

DIE ROLLE DES HOPFENS IM BIER

Anders gefragt, kann man bei Bier auf Hopfen verzichten? Man muss wissen, dass Hopfen früher nicht immer schon Verwendung fand. Im alten Ägypten und zur Zeit der Kelten verwendete man eher eine Mischung aus Gewürzen und Kräutern, die als Grut bezeichnet wird, um die Cervisia zu aromatisieren. Im 12. Jahrhundert entdeckte Hildegard von Bingen (1099–1179), die berühmte deutsche Kräuterkundlerin, die antiseptische und haltbarmachende Wirkung des Hopfens in Gerstensaft. Dies stellte eine kleine Revolution in der Welt der Bierbrauer dar, eine Schlüsseletappe, der sie auch ihren Adelstitel zu verdanken hatte.

Bier brauen mit wildem Hopfen?

Diesem sind Sie bestimmt schon beim einen oder anderen Spaziergang begegnet, ohne sich dessen bewusst zu sein. Sie können ihn im Spätsommer ernten und versuchen, damit Bier zu brauen, aber das Ergebnis ist dem Zufall überlassen! Tatsächlich ist es wichtig, den Gehalt an Alphasäure im Hopfen zu kennen (beeinflusst die Bitterkeit, mehr dazu weiter unten), um böse Überraschungen zu vermeiden. Entgegen dem, was man erwarten würde, sind mit wildem Hopfen gebraute Biere tendenziell nicht so bitter. Zunächst kann man den Gehalt an Alphasäure in wildem Hopfen auf etwa 5 % schätzen. Beginnen Sie aber zunächst mit gezüchtetem Hopfen, da Sie damit bessere Ergebnisse erzielen werden.

Heute ist der Hopfen eine der wichtigsten Bierzutaten, sowohl was seine Bitterkeit betrifft als auch aufgrund seiner Aromen und seines technischen Potenzials.

– Bitterkeit und Frische: Ohne Hopfen würden bernsteinfarbene oder Schwarzbiere, wie etwa Stout, ekelhaft schmecken. Helle Biere und Weißbiere würden fad und flach schmecken. Die Bitterkeit der Pflanze verleiht dem Bier eine Welle von Frische und eine durstlöschende Wirkung, die zum geschmacklichen Gleichgewicht des Bieres beitragen.

– Geschmack: Es geht hier genauso um Aromen (Nase) wie um Geschmäcke (Zunge), die man beim Verkosten eines Bieres wahrnimmt. Die Wechselbeziehungen zwischen orthonasaler Wahrnehmung, retronasaler Wahrnehmung sowie der Wahrnehmung über die Geschmacksknospen führen zu einer Palette an angenehmen und komplexen Geschmackseindrücken. Hopfen, der durch die Noten von mehr oder weniger stark geröstetem Malz ergänzt wird, hat den Zweck eine geschmackliche Geschichte zu erzählen, zum Beispiel über das Zusammentreffen von Grapefruit, Pfirsich, Enzian und Johannisbeere.

– Beruhigende Wirkung: Ätherische Öle im Lupulin wirken beruhigend und hypnotisch. Sie tragen, gemeinsam mit dem Alkohol, zum Wohlbefinden bei, das sich beim Biertrinken einstellt.

– Haltbarkeit: Bitterstoffe (Alpha- und Betasäuren), die auch in Lupulin vorkommen, haben antiseptische und haltbarmachende Eigenschaften, wobei auch dem im Bier enthaltenen Alkohol diese Wirkung zukommt.

– Technische Leistung (Schaum, Aktivität der Hefen): Hopfen hilft, die Menge an Schaum zu begrenzen, die beim Kochen der Würze entsteht, und fördert dank den in ihm enthaltenen Tanninen gleichzeitig die Gerinnung der Eiweiße. Er spielt ebenfalls eine wichtige Rolle bei der Stabilisierung des Schaums. Der Schaum verändert sich, wenn Sie abgelaufenen oder falsch gelagerten Hopfen (im letzteren Fall ist der Hopfen nicht mehr blassgrün, sondern blassgelb und enthält weniger ätherische Öle) verwenden.

Die Kunst der Hopfengabe besteht darin, den Hopfen richtig auszuwählen und zu dosieren sowie ihn, je nach gewünschtem Ergebnis, der Würze im richtigen Moment hinzuzufügen.

HOPFEN UND SEINE VERWEN-DUNGSMÖGLICHKEITEN:
BITTERHOPFEN, AROMAHOPFEN UND MISCHUNGEN

- - - - - - - - - - - - - -

Alle Hopfensorten haben sowohl bitteres als auch aromatisches Potenzial. Hopfensorten mit hohem Gehalt an Alphasäuren (Indikatoren für Bitterkeit) machen das Bier bitter, ihr Aroma jedoch entspricht nicht immer dem gewünschten, vom Bierstil abhängigen, organoleptischen Profil. Aus diesem Grund ergänzt man sie mit Aromahopfen, deren ätherische Öle dem Bier Aroma verleihen. Gemischte Sorten vereinen beide Eigenschaften.

BITTERHOPFEN
- - - - - - - - - - -

Sie werden aufgrund ihres hohen Gehalts an Alphasäuren (9 bis 15 %) und des daraus resultierenden Bitterpotenziales genutzt. Man fügt sie der Würze hinzu, wenn diese kocht, damit eine möglichst große Menge an Alphasäuren freigesetzt wird, die für den bitteren Geschmack des Bieres verantwortlich sind. Möchte man die aromatischen Verbindungen des Hopfens freisetzen, fügt man ihn in der letzten Phase des Kochvorganges (15 bis 20 Minuten vor Ende), ganz am Ende der Kochphase (nachdem die Hitze abgeschaltet wurde) oder mithilfe der Technik des *Dry-Hoppings* (s. S. 60) hinzu, obwohl diese Methoden sonst eigentlich dem Aromahopfen vorbehalten sind. Unter den besonders bitteren Arten finden sich Bullion, Chinook oder Galena (hauptsächlich amerikanische Sorten). Man findet sie in IPA (*India Pale Ales*), in ESB (*Extra Special Bitters*), in Stouts und in *American Pale Ales.*

AROMAHOPFEN
- - - - - - - - - - -

Auch sie sind bitter (Bitterkeit liegt in der Natur des Hopfens!), aber sie weisen vor allem stärkere aromatische Noten auf: blumige, fruchtige, würzige, krautige, erdige, holzige ... Hier sprechen wir von Edelhopfen. Ihr Gehalt an ätherischen Ölen und die dadurch bedingte breite Geschmackspalette erlauben es, das Bier zu aromatisieren. Da die Essenzen sehr flüchtig sind, werden diese Hopfen ganz am Ende des Kochvorgangs oder im Zuge der Kalthopfung bei der Nachgärung (Dry-Hopping) der Würze hinzugefügt. Wie bereits gesagt wurde, enthalten diese Sorten zum größten Teil weniger Alphasäuren als die Bitterhopfen (zwischen 3 und 8 %). Die bekanntesten sind East Kent Goldings, Fuggle, Hallertau Mittelfrüh, Saaz, Strisselspalt, Styrian Golding oder Brewer's Gold. Einige seltene Sorten, wie Citra, verfügen nichtsdestoweniger über einen hohen Alphasäuregehalt. Diese kommen sehr oft aus Kontinentaleuropa (Deutschland, Österreich, Polen, Tschechische Republik, Slowenien ...), aus dem Vereinigten Königreich oder aus Frankreich.

Hopfentees

Aufgabe für befreundete Bierliebhaber:

– 200 ml Wasser auf 70 °C erhitzen.

– Das Wasser in eine Tasse gießen, zwei getrocknete Hopfenzapfen (oder ein Pellet) hinzufügen, umrühren und zudecken (damit die ätherischen Öle nicht entweichen).

– Zugedeckt 10 Minuten ziehen lassen.

– Einen Schluck nehmen, einige Sekunden im Mund kreisen lassen und schlucken. Sie werden bemerken, auf welchem Weg sich die Bitterkeit auf der Zunge und im Gaumen ausbreitet. Die aromatischen Noten machen sich gleichzeitig bemerkbar.

– Schreiben Sie Ihre Eindrücke auf und vergleichen Sie sie mit denen Ihrer Freunde.

Lassen Sie bei diesem Test etwas zeitlichen Abstand zwischen den einzelnen Tees, da der Mund schnell von der Bitterkeit gesättigt ist. Vorsicht, bestimmte Hopfensorten sind derart bitter, dass sie die Zunge kurzzeitig betäuben können!

GEMISCHTE HOPFEN

- - - - - - - - - - - - - - - -

Diese haben zwei Rollen: Sie sind zugleich Bitter- als auch Aromahopfen. Diese Sorten sind umso nützlicher für SMASH-Biere (*Single Malt and Single Hop*, s. S. 126). Nehmen wir als Beispiel die Sorte Nugget, deren Alphasäuregehalt zwischen 10 und 14 % liegt.
– Wird der Hopfen der Würze zu Beginn des Kochens hinzugefügt, verleiht er dem Bier am Ende dank seinem hohen Alphasäuregehalt eine zarte Bitterkeit,
– wird er 20 Minuten vor Ende des Kochvorgangs zur Würze hinzugefügt, verbreitet sich der ungeschliffene Geschmack des Hopfens,
– wird er in der letzten Minute oder im Zuge der Kalthopfung bei der Nachgärung hinzugefügt (s. S. 60, Dry-Hopping), entfaltet er sein krautiges und holziges Aroma.
Diese Hopfen sind für Anfänger von Interesse, da man mit Ihnen kostengünstig brauen kann und man nicht verschiedene Hopfensorten beschaffen muss, was mehr kosten würde. Bestimmte Sorten verfügen über einen hohen Gehalt an Alphasäuren (Amarillo, Colombus, Hallertau Blanc, Pilgrim, Simcoe, Target ...), andere wiederum nicht (Bramling Cross, Cascade, Opal, Tradition).

Zusammenfassend ...

Bitteres Bier:

– Bitterhopfen mit hohem Gehalt an Alphasäuren verwenden, mehr als 9 %. Bei gleicher Menge gilt: je höher der Alphasäuregehalt, desto bitterer das Bier.

– Bitterhopfen mindestens 40 Minuten (bis zu 90 Minuten) kochen, um die Bitterstoffe herauszulösen.

Bier mit Hopfengeschmack:

– Aromahopfen mit geringerem Gehalt an Alphasäuren verwenden, weniger als 9 %.

– Aromahopfen maximal 20 Minuten kochen (vor Ende des Kochvorganges).

Bier mit Hopfenaroma:

– Aromahopfen mit geringerm Gehalt an Alphasäuren verwenden, weniger als 9 %.

– Aromahopfen mittels *Dry-Hopping* zuführen, d. h. im Zuge der Kalthopfung während der Nachgärung (Lagerung).

Der Fall der Kalthopfung (Dry-Hopping)?

Diese Technik besteht darin, den Hopfen nach der Hauptgärung in die Würze zu tauchen. Wie wir auf S. 88 sehen, ist es unerlässlich, die Umgebung des Bieres steril zu halten, besonders während der Nachgärung. Hier eine nicht sterile Zutat wie getrockneten Hopfen hinzuzufügen, mag problematisch scheinen. Erinnern wir uns jedoch daran, dass in dieser vergorenen Würze bereits Alkohol enthalten ist, der antiseptische Eigenschaften besitzt, was bei der abgekühlten und gerade mit Hopfen versetzten Wür-ze noch nicht der Fall war. Diese ist sehr empfindlich und Bakterien können sich dort leicht vermehren. Außerdem verfügt Hopfen auch über antiseptische Eigenschaften, die er auf die mit Alkohol versetzte Würze überträgt. Wird der Hopfen in einem Sack in die Würze gehängt, ist es ratsam, diesen zuerst zu sterilisieren, indem er eine Minute lang in kochendes Wasser getaucht wird.

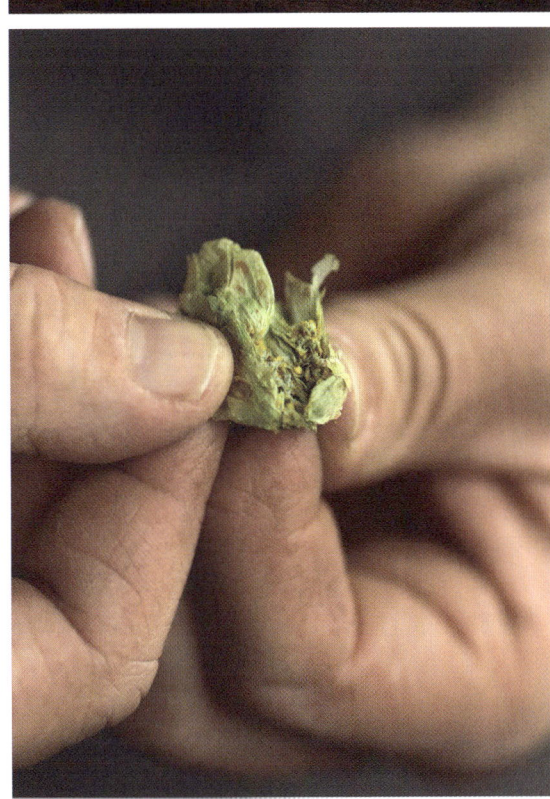

HOPFENSORTEN, DIE IM INTERNET ERHÄLTLICH SIND

- - - - - - - - - - - - - -

GEMISCHTE UND AROMATISCHE ENGLISCHE HOPFENSORTEN

Der Ruf der englischen Hopfensorten hängt vor allem mit ihren krautigen/ holzigen und erdigen/würzigen aromatischen Eigenschaften zusammen, zu denen sich manchmal fruchtige/blumige Noten mischen. Diese Eigenschaften treffen auf alle englischen Biere zu, of course, aber auch auf belgische und französische (Bières de garde, Saison ...).

Sorte	Alphasäuren	Bitterhopfen	Aromahopfen	Aromen
'Bramling Cross'	5 bis 8 %	x	x	krautig, würzig, erdig
'Brewer's Gold'*	4 bis 9 %	x	x	würzig, fruchtig (Johannisbeere)
'Challenger'	6 bis 9 %	x	x	fruchtig, würzig
'East Kent Goldings'	4 bis 6 %		x	erdig, Zitrusnote
'Fuggle'	3,5 bis 5 %		x	krautig, holzig, würzig, fruchtig
'Goldings'*	4 bis 6 %		x	blumig, krautig, holzig
'Northern Brewer'	7 bis 10 %	x	x	Zitrusnote, krautig, holzig
'Pilgrim'*	9 bis 13 %	x	x	krautig
'Target'*	8 bis 13 %	x	x	Zitrusnote, würzig
'Whitbread Golding Variety'	5 bis 8 %	x	x	holzig, krautig, fruchtig

OSTEUROPÄISCHE GEMISCHTE UND AROMAHOPFENSORTEN

Wie die englischen Hopfensorten zeichnen auch sie sich durch ihre gemischten und aromatischen Eigenschaften aus, verfügen aber über blumigere und fruchtigere Aromen mit manchmal einem leichten Hauch von Gewürzen. Sie gehen natürlich Hand in Hand mit deutschen Lagerbieren, Weizenbieren, tschechischen Pils, aber auch mit englischen Pale Ales und belgischen, leichten und fruchtigen Bieren.

Sorte	Land	Alphasäuren	Bitterhopfen	Aromahopfen	Aromen
'Aurora' ('Super Styrian')	Slowenien	6 bis 10 %	x	x	blumig, krautig
'Hallertau Blanc'	Deutschland	9 bis 12 %	x	x	blumig, fruchtig (weiße Traube)
'Hallertau Mittelfrüh'*	Deutschland	3 bis 5 %		x	blumig, würzig
'Hersbrucker'	Deutschland	2 bis 5 %		x	fruchtig, blumig, würzig
'Marynka'*	Polen	9 bis 12 %	x	x	krautig, erdig
'Opal'*	Deutschland	5 bis 8 %	x	x	Zitrusnote, würzig
'Perle'*	Deutschland	6 bis 9 %	x	x	krautig, würzig, fruchtig
'Saaz'*	Tschechische Republik	2 bis 6 %		x	blumig, fruchtig, krautig
'Saphir'*	Deutschland	2 bis 5 %		x	Zitrusnote, fruchtig
'Smaragd'	Deutschland	4 bis 6 %		x	holzig, würzig, krautig
'Styrian Golding'	Österreich, Slowenien	3 bis 6 %		x	würzig
'Tettnanger'	Deutschland	3 bis 6 %		x	würzig, krautig
'Tradition' ('Hallertau')	Deutschland, Frankreich	4 bis 7 %	x	x	fruchtig (Traube), erdig, krautig

FRANZÖSISCHE GEMISCHTE UND AROMAHOPFENSORTEN

Diese werden heute zum Großteil im Elsass angebaut. Die Erzeuger bauen lokale Sorten an, wie den Strisselspalt, aber auch neue mit gemischten und aromatischen Profilen, die über krautige, würzige und leicht fruchtige Noten verfügen. Sie finden sich in den hellen Bieren aus Belgien und Frankreich, im Saison oder im Lagerbier, aber auch in den englischen Pale Ales

Sorte	Alphasäuren	Bitterhopfen	Aromahopfen	Aromen
'Aramis'*	8 bis 8,5 %	x	x	würzig, krautig, Zitrusnote
'Bouclier'	8 bis 9 %	x	x	fruchtig, Zitrusnote, krautig, würzig
'Strisselspalt'*	3 bis 5 %		x	fruchtig (Zitrone), würzig
'Triskel'*	4,5 bis 7 %		x	fruchtig, blumig, Zitrusnote

AMERIKANISCHE BITTER- UND GEMISCHTE HOPFENSORTEN

Sie sind gekennzeichnet durch einen hohen Gehalt an Alphasäuren und eine fruchtige Geschmacksnote (Zitrus, Pfirsich …), die harzig und manchmal blumig sein kann. Diese Hopfensorten sind die wichtigste Zutat der India Pale Ales (IPA) und anderer amerikanischer Ales, eignen sich aber auch für Fruchtbiere, Saison-Biere, Bitter- und Stout-Biere.

Sorte	Alphasäuren	Bitterhopfen	Aromahopfen	Aromen
'Amarillo' ('Super Cascade')	8 bis 11 %	x	x	Zitrusnote, blumig
'Cascade'*	4 bis 7 %	x	x	Zitrusnote, harzig
'Centennial'	9 bis 11 %	x	x	blumig, Zitrusnote
'Chinook'	10 bis 14 %	x		würzig, Zitrusnote, harzig
'Columbus'*	14 bis 16 %	x	x	krautig, harzig, Zitrusnote
'Galena'	11 bis 14 %	x		fruchtig (Pfirsich), holzig, krautig
'Nugget'*	10 bis 14 %	x	x	krautig, holzig, harzig
'Simcoe'	12 bis 14 %	x	x	fruchtig (Aprikose), krautig, harzig

AMERIKANISCHE AROMATISCHE HOPFENSORTEN

Obwohl diese zum Großteil Bitter- und gemischte Hopfensorten sind, gibt es dennoch ein paar Aromahopfensorten. Auch hier überwiegen die fruchtigen Noten. Sie werden für jenseits des Atlantiks produzierte Ales genutzt, aber auch für englische IPA und belgische fruchtige Biere.

Sorte	Alphasäuren	Aromen
'Ahtanum'	4 bis 6 %	blumig, Zitrusnote, harzig
'Citra'	10 bis 12 %	fruchtig (Pfirsich), Zitrusnote
'Crystal'	3,5 bis 6 %	fruchtig (tropische Früchte), holzig, krautig
'Willamette'	4 bis 7 %	fruchtig, krautig, würzig

* Diese Sorten sind im Allgemeinen als Bio-Produkt erhältlich.

Und die belgischen Hopfen?

In Belgien, vor allem in der Region rund um die Stadt Poperigne, die nur einige Kilometer von der französischen Grenze entfernt liegt, werden hauptsächlich englische, deutsche und amerikanische Hopfensorten, die perfekt an die belgische Gegend angepasst sind, angebaut (Whitbread Golding Variety, Northern Brewer, Brewer's Gold, Hallertau Mittelfrüh, Cascade, Nugget …). Obwohl der Hopfenanbau in Westflandern stark zurückgegangen ist, ist und bleibt er dennoch ein fest in der Volkskultur verwurzeltes Brauchtum: Erntelieder, Schokolade mit Hopfengeschmack, Hopfentriebe auf der Speisekarte der Restaurants und lokale Feste, auf denen eine Hopfenkönigin gewählt wird, zeugen davon!

DIE AUSWAHL DER HIER VORGESTELLTEN SORTEN

Die hier dargestellten Tabellen sind eine natürlich unvollständige Aufzählung, da es mehr als 230 Hopfensorten zu kaufen gibt! Wir haben jene aufgelistet, die im Internet erhältlich sind. Natürlich ist es möglich, dass die Verfügbarkeit bestimmter Sorten von einem Jahr auf das andere variiert.

WELCHER HOPFEN FÜR WELCHEN BIERSTIL?

Im Allgemeinen kann man sagen, dass amerikanische Hopfensorten für amerikanische Ales geeignet sind, deutsche Hopfensorten dagegen passen zu Lager- und Weizenbieren. Wenn man Hopfensorten wählt, die zur Gegend und dem damit verbundenen Bierstil passen, liegt man nur selten daneben und schafft harmonische Kreationen. Es ist dennoch möglich, beispielsweise einen französischen oder amerikanischen Aromahopfen für ein tschechisches Bier zu benutzen – unter der Bedingung, dass man sich immer auf das Geschmacksprofil stützt und nicht auf den Alphasäuregehalt.

HOPFENSORTEN VOM ENDE DER WELT

Neuseeländische Hopfensorten (Mouteka, Nelson, Sauvin, Pacific Jade), die es inzwischen zu kaufen gibt, wurden hier nicht erwähnt. Bevor Sie Hopfensorten kaufen, die 20.000 km von Ihnen entfernt angebaut wurden, kaufen Sie lieber solche aus europäischen Ländern. Amerikanische Sorten (die 8.000 km weit weg, hauptsächlich im Yakima-Tal, angebaut werden) wurden hier genannt, da sie eine große Auswahl an Aromahopfensorten bieten. Die Ausnahme von der Iss-lokal-Regel, die einen maximalen Transportweg von 160 km vorsieht, kann man auch auf Hopfen anwenden, so wie sie auf Kaffee, Tee und Gewürze angewendet wird. Versuchen Sie generell aber, etwas für unseren Planeten zu tun und wählen Sie lieber „lokale" Sorten.

NÄHERE ANGABEN ZU ALPHASÄUREGEHALT UND GESCHMACKSPROFILEN

Der Alphasäuregehalt hängt einerseits von der Sorte ab, andererseits aber auch von der Anbaugegend, der Pflege durch den Hopfenbauer sowie vom Erntejahr. Aus diesem Grund führen die Hopfenerzeuger jedes Jahr eine sortenspezifische Analyse durch und geben den Alphasäuregehalt auf der Packung an. Dasselbe gilt für die geschmacklichen Eigenschaften, die von einem Gebiet zum nächsten unterschiedlich sind. Wenn man das Beispiel der Weinsorten nimmt, sieht man, dass ein Chardonnay, der aus der Bourgogne kommt, nicht die gleichen organoleptischen Eigenschaften hat wie ein Chardonnay aus den Vereinigten Staaten. Heute gibt es belgische Cascade-Hopfen, die sich sehr stark von den charakteristischen amerikanischen Cascade-Sorten unterscheiden. Die geschmacklichen Noten sind hier zweckmäßiger, um Tendenzen zu beschreiben. Wie dem auch sei, sehen Sie sich den Alphasäuregehalt, der auf der Packung angegeben ist, sowie die generellen geschmacklichen Tendenzen der Sorte an. Der Alphasäuregehalt, der abweichen kann, wird bei der Berechnung der IBU wieder ausgeglichen werden (s. S. 110).

FÜR DRY-HOPPING ODER KALTHOPFUNG GEEIGNETE SORTEN

Alle Sorten können zum Dry-Hopping verwendet werden, egal ob es Bitterhopfensorten sind oder nicht. Ziel dieser Methode ist es vor allem, dem Bier spezielle Geschmäcke und Aromen zu verleihen, da bei diesem Kaltaufguss die ätherischen Öle, nicht aber die bitteren Harze herausgelöst werden. Achten Sie jedoch darauf, einen Hopfen zu wählen, dessen geschmackliches Profil gut zum Bierstil des Rezeptes passt.

PHYSIKALISCH-CHEMISCHE ABLÄUFE
BEI DER HOPFENGABE

ALPHASÄUREN

Diese sind die am öftesten angegebenen Harze und ihre Menge wird außerdem auf den Hopfenpäckchen angegeben. Alphasäuren haben die Eigenschaft, im trockenen Zustand unlöslich und wenig bitter zu sein. Sie verteilen sich nach einigen Minuten Kochen in der Würze, jedoch entfaltet sich ihre bittermachende Kraft erst nach der 45. Minute vollständig. Sie durchlaufen einen Vorgang, der als Isomerisation bezeichnet wird – worunter man eine Veränderung der Molekülstruktur versteht –, wodurch sie löslich werden und so der Würze Bitterkeit verleihen (Isoalphasäuren). Humulon verleiht dem Bier eine zarte Bitterkeit, Cohumulon eine starke Bitterkeit, Adhumulon eine relativ schwache Bitterkeit. Hier ist anzumerken, dass Isohumulon, das sehr bitter ist, bei Licht mit Riboflavin reagiert und so unerwünschte, riechende Verbindungen entstehen. Das ist der Grund, warum Bierflaschen braun sind! Ohne kochen also keine oder nur wenig Bitterkeit. Die Isoalphasäuren wirken wie ein Antiseptikum und spielen eine Rolle bei der Haltbarkeit des Bieres und bei der Stabilität des Schaumes.

BETASÄUREN

Betasäuren, die kleinen Schwestern der Alphasäuren, sind ebenfalls unlöslich und kaum bitter. Sie erzeugen aber nicht so viel Bitterkeit während des Kochens. Ihre Molekülstruktur hindert sie außerdem daran, sich im Laufe des Kochvorganges zu isomerisieren. Folglich bleiben sie unlöslich und verteilen sich kaum in der Würze. Sie machen das Bier ausschließlich in der Phase der Gärung und der Lagerung bitterer, wenn sie mit der Zeit oxidieren. Sie geben andere Bitterstoffe ab, vor allem, während das Bier älter wird.
Je mehr Betasäuren ein Hopfen enthält (steht auf den Etiketten), desto mehr Bitterkeit verursacht er langfristig. Betasäuren wirken antibakteriell.

Letztendlich geht das Bitterpotenzial der Alphasäuren mit der Zeit zurück, während sich das Bitterpotenzial der Betasäuren steigert, wenn diese oxidieren.

Diese Verbindungen beeinflussen den Grad und die Qualität der Bitterkeit des Bieres, die also nicht nur von der gewählten Hopfensorte abhängt, sondern vom gesamten Herstellungsprozess (Trocknung, Verpackung, Beschaffenheit und Alterung des Hopfens, Kochzeit ...).

KOHLENWASSERSTOFFE

Dies sind die ätherischen Öle, die überwiegen (80 bis 90 %), aber sehr flüchtig und am Ende des Kochvorganges der Würze in dieser kaum mehr vorhanden sind. Erst bei der Kalthopfung bei der Nachgärung entfalten sie ihr ganzes Talent in der Würze. Hier listen wir Ihnen die vier wichtigsten Kohlenwasserstoffe auf, die oft auf den Datenblättern der Hopfensorten angegeben sind.

– Myrcen (auch in Petersilie, Fenchel, Hanf und Ylang-Ylang enthalten): Es ist vor allem in Bitterhopfensorten enthalten und macht bis zu 70 % des Gesamtgehaltes an ätherischen Ölen aus. Der Großteil der Myrcene wird abgebaut oder oxidiert und aus ihnen entstehen Derivate mit fruchtigen oder blumigen Eigenschaften, wie Linalool. Dieses führt zu einem Fruchtaroma (Pfirsich, Traube, Wein), einem Balsamico-Essig-Aroma, zu holzigen, krautigen und zu Zitrusnoten. Es ist in amerikanischen Sorten wie Amarillo, Simcoe, Crystal, Galena und Cascade in großen Mengen enthalten.

DIE WIRKUNG DES IM HOPFEN ENTHALTENEN LUPULINS AUF DIE WÜRZE

HARZE
KAUM BITTER UND KAUM LÖSLICH

ÄTHERISCHE ÖLE
FLÜCHTIG

POTENZIELLE BITTERKEIT

GESCHMÄCKE

ALPHA-SÄUREN

Humulon

Cohumulon

Adhumulon

BETA-SÄUREN

Lupulon

Colupulon

Adlupulon

Hulupone

Tricyclolupulone

KOHLEN-WASSER-STOFFE

Myrcene

Humulen

Farnesen

Caryophyllen

OXIDIERTE DERIVATE

Linalool

Geraniol

KOCHEN DES HOPFENS IN DER WÜRZE (45 MIN)

ISOMERISATION

BITTERKEIT TRITT HERVOR

ISO-ALPHASÄUREN
(darunter Iso-Humulon)

VERDAMPFUNG VERSCHWINDEN DER GESCHMÄCKE

GÄRUNG REIFUNG DES BIERES

INTENSIVIERUNG DER BETASÄUREN

IM FALL VON KALTHOPFUNG
Verteilung der Geschmäcke in der Würze

ABSCHWÄCHUNG DER ALPHASÄUREN

– Humulen (in Basilikum, Gewürznelke und Harzen enthalten): Es ist in großen Mengen in Aromahopfen enthalten und entwickelt grüne, feine, leicht würzige Aromen. Humulen kann mehr als 50 % des Gesamtgehalts an ätherischen Ölen ausmachen, während es in den meisten Bitterhopfensorten nur 15 % oder noch weniger ausmacht. Es verleiht dem Bier holzigen, erdigen und krautigen Charakter. Die Derivate dieses Inhaltsstoffes entwickeln würzige Aromen. Sie sind besonders in deutschen Sorten, wie Hallertau Mittelfrüh, Tradition oder Smaragd, sowie in englischen Sorten, wie Whitbread Golding Variety oder Golding, in großen Mengen enthalten.

– Carophyllen (in Gewürznelke, Oregano und Pfeffer enthalten): Wie Humulen entwickelt es sich in Edelhopfensorten und macht dort bis zu 20 % des Gesamtgehaltes an ätherischen Ölen aus. Es bietet würzige, krautige, holzige und erdige Noten und ist in englischen Sorten, wie Golding, Bramling Cross und East Kent Goldings, oder in deutschen Sorten, wie Hallertau Mittelfrüh und Tradition, in großen Mengen enthalten.

– Farnesen (in Apfel, Birne, Zitrusfrüchten, Ingwer und Weintraube enthalten): Dieses findet man im Allgemeinen in kleinen Mengen (weniger als 1 % des Gesamtgehaltes an ätherischen Ölen), in manchen Edelsorten jedoch in einem Verhältnis von bis zu 20 % vor. Farnesen verleiht dem Bier einen unverkennbaren fruchtigen und blumigen Hauch. Sein Aroma erinnert an Magnolienblüten, Zitronenschalen, grünes Unterholz und einen Hauch von frischem Lavendel. Es ist in aus dem Osten stammenden Sorten, wie Saaz und Styrian Golding, und in den englischen Arten, wie Fuggle, in großen Mengen vorhanden.

Die jeweiligen Prozentangaben von Myrcen, Humulen, Caryophyllen und Farnesen variieren von Hopfensorte zu Hopfensorte und von einer Aufgussmethode zur anderen (frische Zapfen, getrocknete, abgebrühte oder kaltgehopfte). Manchmal sind sie auf den Hopfenpäckchen vermerkt, was die geschmackliche Tendenz einer bestimmten Sorte erkennbar werden lässt.

DIE SAUERSTOFFHALTIGEN DERIVATE DER KOHLENWASSERSTOFFE

Diese vervollständigen die Geschmackspalette der Hopfen.

– Linalool (in Minze, Lavendel, Bergamotte und Rosenholz enthalten): Sein blumiges Aroma erinnert an Maiglöckchen.

– Geraniol (in Rosen, Geranien, Zitronen und Zitronengras enthalten): Es entwickelt ein blumiges Aroma, das dem von Rosen-, Pfirsich- und Apfelblüten ähnelt.

– Limonen (in Zitrusfrüchten, Harzen, Pfeffer, Minze und Majoran enthalten): Es verfügt über ein Orangen- und Zitronenschalenaroma.

– Pinen (in Minze, Ingwer, Lavendel, Salbei und Terpentinessenz enthalten): Es verleiht dem Bier ein Pinienharzaroma.

Andere Substanzen spielen eine organoleptische Rolle, wie Nerol, Humulol, Ester, Ketone, Epoxide, aber auch Schwefelverbindungen, deren aromatische Kraft den Geschmack des Bieres beeinflussen kann.

Kennt man die Bestandteile der ätherischen Öle eines Hopfens, ist man in der Lage festzustellen, ob sie dem Bier Zitrus-, Pinien-, Pfirsich- oder Unterholzaroma verleihen. Schwieriger wird es, wenn man bedenkt, dass diese Bestandteile variieren können, je nachdem, ob man frischen oder getrockneten Hopfen verwendet, ob man ihn kalter oder heißer Würze hinzufügt, und je nachdem, wie reif das Bier ist!

Wir haben die bekanntesten in Hopfen enthaltenen aromatischen Verbindungen aufgelistet, die auch auf den Beschreibungsblättern der einzelnen Hopfen vermerkt sind, damit Sie die Begriffe, die sehr oft in Fachwerken und Brauforen auftauchen, besser verstehen. Diese Seiten hier sind aber in keiner Weise vollständig, da Hopfen aus mehr als tausend verschiedenen Verbindungen besteht und heute erst knapp 400 bekannt sind!

BERECHNUNGEN FÜR DIE HOPFFENGABE

Wie bereits erläutert, variiert der Alphasäuregehalt eines Hopfens von Jahr zu Jahr und von Anbaugebiet zu Anbaugebiet. Daher ist man, zum Beispiel wenn man Saaz-Hopfen kauft, um Pilsner zu brauen, und der im Rezept angegebene Alphasäuregehalt von dem auf der Packung angegebenen Gehalt abweicht, gezwungen, eine kurze Berechnung anzustellen (hier einen Dreisatz), um die richtige Menge zu bestimmen. Ansonsten müssen Sie mit einer bösen Überraschung rechnen!

Um das richtige Gewicht der Hopfenzapfen für den gewünschten Grad an Bitterkeit (in IBU) zu berechnen, s. S. 112.

VERHÄLTNIS ZWISCHEN ANFANGSDICHTE UND IBU

DIE WAHRNEHMUNG VON „BITTER" NIMMT AB, WENN ALKOHOL- UND ZUCKERGEHALT DES BIERES ZUNEHMEN. ANSTATT DIE ABSOLUTE BITTER-KEIT, DIE IN IBU (INTERNATIONAL BITTERNESS UNIT) GEMESSEN WIRD, HERANZUZIEHEN, NUTZT MAN DAS VERHÄLTNIS IBU/ANFANGSDICHTE.

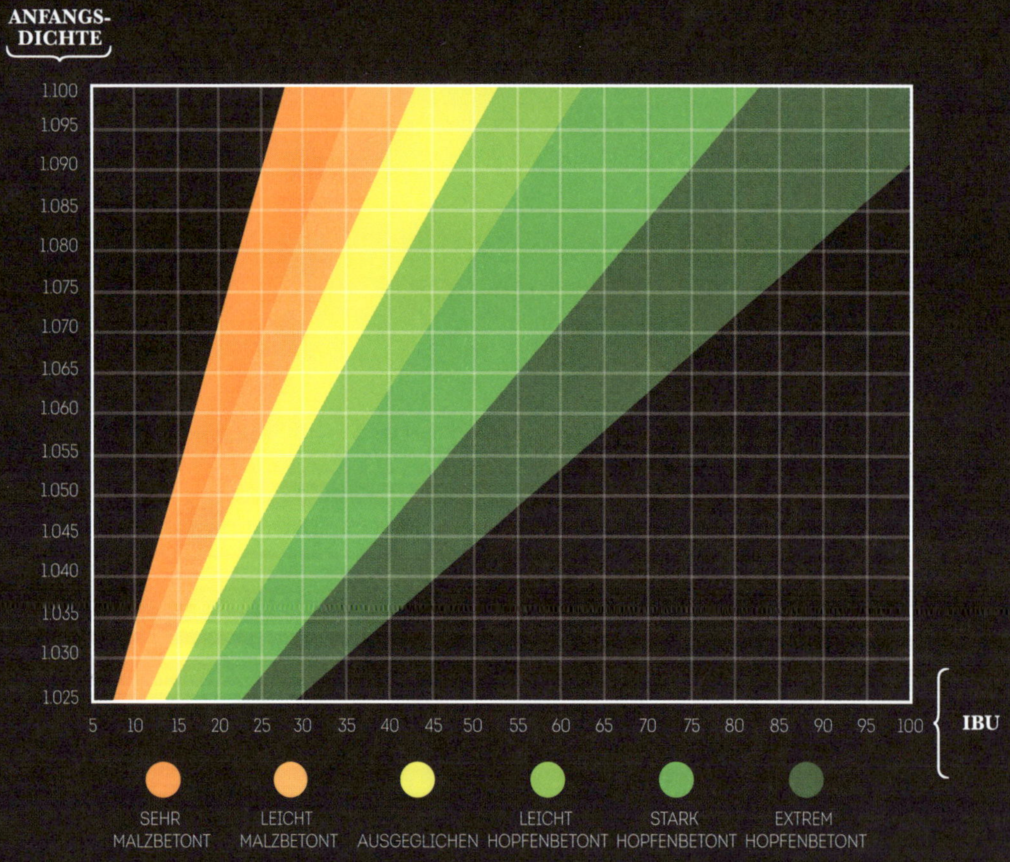

ANFANGS-DICHTE

1.100	
1.095	
1.090	
1.085	
1.080	
1.075	
1.070	
1.065	
1.060	
1.055	
1.050	
1.045	
1.040	
1.035	
1.030	
1.025	

5 10 15 20 25 30 35 40 45 50 55 60 65 70 75 80 85 90 95 100   **IBU**

SEHR MALZBETONT   LEICHT MALZBETONT   AUSGEGLICHEN   LEICHT HOPFENBETONT   STARK HOPFENBETONT   EXTREM HOPFENBETONT

IBU (International Bitterness Unit)

Die IBU (International Bitterness Unit) ist die Maßeinheit für die Bitterkeit von Bieren. 1 IBU entspricht 1 mg isomerisierter Isoalphasäure pro Liter Bier.

Glauben Sie nicht, dass ein Bier umso bitterer ist, je höher der IBU des Rezeptes ist, denn das trifft nicht unbedingt zu!

Bei einem Bier mit hoher Anfangsdichte (Zeichen eines Potenzials für hohen Alkoholgehalt oder starker Rundheit des fertigen Bieres) und hoher Enddichte wird eine hoher IBU nicht als besonders bitter wahrgenommen. Bei einem Leichtbier hingegen, das nicht viel Alkohol enthält und dessen Enddichte niedrig ist (anders gesagt: ein trockenes Bier), führt ein mittlerer IBU bereits zu einer als relativ stark wahrgenommenen Bitterkeit.

Ein Beispiel: Ein Imperial Stout mit 80 IBU wirkt im Mund nicht so bitter wie ein trockenes IPA mit 50 IBU. Das Rousse Ouche Nanon, dessen Rezept in diesem Buch vorgestellt wird, hat zu Beginn ein hohes Potenzial von 1,062 und eine sehr hohe Enddichte von 1,024. Die knapp 40 IBU des Rezeptes schmeckt man nicht sehr deutlich, der erste Eindruck ist süß und der Abgang ist bitter. Ein Pilsner mit 40 IBU dagegen hinterlässt einen Eindruck von viel mehr Bitterkeit.

AUSWAHL UND AUFBEWAHRUNG DES HOPFENS

Vier Faktoren beeinflussen die Haltbarkeit des Hopfens: Lagertemperatur, Menge an vorhandener Luft, Licht und Hopfensorte.

– Verbrauchen Sie den Hopfen innerhalb von 6 Monaten nach dem Öffnen (die Sorten, die am schlechtesten haltbar sind, verlieren bei 20 °C Umgebungstemperatur bis zu 50 % ihrer Alphasäuren).
– Lagern Sie den Hopfen, wenn möglich, im Gefrierschrank. Ist das nicht möglich, lagern Sie ihn kühl, trocken und lichtgeschützt.
– Schließen Sie die Frischebeutel fest, drücken Sie so viel Luft wie möglich heraus (Luft ist verantwortlich für die Oxidation) und fixieren Sie sie mit einer Klammer. Es ist auch möglich, ein Gefäß mit Luftabsaugsystem zu verwenden.
– Es ist unerlässlich, Hopfen von guter Qualität, der nicht gelb verfärbt ist, zu verwenden (dies ist ein Zeichen von Oxidation).

Idealerweise sollten Sie Ihren Hopfen im September oder Oktober bestellen, da er genau zu dieser Zeit gerade geerntet, getrocknet, untersucht und verpackt wurde. Im Laufe der Monate März und April sind immer weniger Produkte auf den Verkaufswebsites erhältlich.

Sie haben die Wahl zwischen getrockneten Hopfenzapfen und Hopfenpellets. Bei Letzteren handelt es sich um kleine, zylindrische Pellets aus getrockneten, zerriebenen und gepressten Zapfen, deren Feuchtigkeitsgehalt lediglich 12 % beträgt.

VERGLEICH ZWISCHEN HOPFENZAPFEN UND HOPFENPELLETS

	Zapfen	Pellets
ökonomischer Aspekt	+++	++
Auswahlbreite (für Hobbybrauer)	+++	++
Praktikabilität beim Kochen	+ (neigen dazu, beim Ablassen die Rohre des Gärgefäßes zu verstopfen)	+++
Leichtigkeit der Hopfengabe mittels Kalthopfung	++	++
unproblematische Haltbarkeit	+ (maximal 6 Monate haltbar, selbst wenn sie kühl gelagert werden)	+++ (länger haltbar, da sie weniger Feuchtigkeit enthalten als die Zapfen)
unproblematische Lagerung	+	++ (kompakter, brauchen weniger Platz im Gefrierschrank)
Folgen für die Umwelt	+	++ (zur Verarbeitung von Pellets wird mehr Energie benötigt)

Bei Hopfenpellets sollte man 10 % weniger Masse verwenden, wenn im Rezept das Gewicht in Hopfenzapfen angegeben ist.

WASSER

- - - - - - - - - - - - - - -

Wasser ist eine Zutat, die selten hervor-gehoben wird, aber doch unverzicht-bar für das Brauen ist. Es macht 90 bis 95 % des Gewichtes des Bieres aus. Sein Gehalt an Mineralsalzen, der von Region zu Region stark variiert, beein-flusst zahlreiche Faktoren:

• Kalzium regt die Enzymaktivität an und stellt die Stabilität des Bieres sicher.
• Magnesium wirkt säurebildend.
• Sulfat wirkt sich auf die Intensität der Bitterkeit des Hopfens aus; es wird verwendet, um den pH-Wert der Würze zu senken.
• Bikarbonat ermöglicht die Herstel-lung von helleren Bieren.
• Natrium sorgt für mehr Rundheit.
• Chlorid verstärkt das Aroma.

Der pH-Wert des Wassers

Weist das Wasser einen pH-Wert von unter 7 auf, ist es sauer, ist er höher als 7, ist es alkalisch. Der ideale pH-Wert zum Bierbrauen liegt zwischen 5,5 und 5,8. „Gefärbte", geröstete Malze bringen die für einen solchen pH-Wert nötige Azidität auf natürliche Weise mit. Es stimmt jedoch, dass es mit stark alkalischem Wasser schwierig ist, den für ein helles Leichtbier nötigen pH-Wert zu erreichen (per definitionem mit wenig gefärbtem Malz). Wenn Sie in einer Region leben, in der das Wasser basisch ist, brauen Sie bernsteinfarbene und dunkle Biere!

Bestimmte Biere sind aufgrund des speziellen Wassers der Stadt, in der sie gebraut werden, sogar berühmt. Pilsen, Burton, Dortmund, München, Dub-lin, Edinburgh oder London besitzen weiches und hartes Wasser mit weni-gen oder vielen Mineralsalzen. Auch wenn man das Rezept peinlich genau befolgt, aber dabei Wasser aus Paris, Moskau oder Sydney verwendet, das Ergebnis wird jedes Mal ein anderes sein!

In bestimmten Bierrezepten werden Zusatzstoffe vorgeschlagen, mit dem Ziel, die Azidität oder die Härte des Wassers auszugleichen. Durch Hinzu-fügen verschiedener Mineralsalze kann man das Wasser „verbessern", um sich den Eigenschaften der berühmten Wässer anzunähern. Für alle Hobby-brauer haben wir jedoch einen Ratschlag: Verwenden Sie ganz einfach Ihr eigenes Leitungswasser. Mit fast jedem Trinkwasser kann man sehr gute Biere brauen.

ZUCKER

In unseren Rezepten verwenden wir hellen Bio-Rohrzucker, der einen interessanteren Geschmack hat als weißer raffinierter Zucker und auch Mineralsalze enthält. Er wird während der Gärung zur Gänze in Alkohol oder Kohlendioxid umgewandelt und trägt nicht dazu bei, dem Bier Geschmack und Körper zu verleihen, da er aus vergärbaren Einfachzuckern besteht.

Farinzucker und brauner Zucker passen sich gut an rote, bernsteinfarbene, dunkle oder schwarze Biere an. Man kann auch Vollrohrzucker verwenden, sollte dabei aber sparsam sein, da es passieren kann, dass sein starkes Aroma, gepaart mit jenem des Malzes, das Bier widerlich macht.

Was Honig betrifft, sollten Sie ihn an das Rezept anpassen: Akazienhonig für helles Bier, Heidehonig für dunkles Bier. Achten Sie darauf, ihn gründlich zu pasteurisieren (erhitzen), bevor Sie ihn verwenden, da er oft sehr viel wilde Hefe enthält. Vergessen Sie nicht miteinzuberechnen, dass Honig nur 800 g Zucker pro Kilogramm enthält.

Verwenden Sie im Allgemeinen 7 bis 9 g süßende Stoffe pro Liter Würze.

Die Umgebung
IN DER
Brauerei

Sie haben nun verstanden, wie Bier und die verschiedenen Zutaten, aus denen es sich zusammensetzt, funktionieren. Sehen wir uns nun die konkrete Praxis an, das heißt, die grundlegenden Materialien, um zu beginnen. Vom Kessel über das Aräometer bis hin zum Abfüllen. Und vor allem soll der Fokus auf der Hygiene liegen, die beim Bierbrauen eingehalten werden muss. Anders gesagt, wie man den Kampf gegen die Bakterien gewinnt, die unser Bier in ungenießbare Brühe verwandeln wollen!

GRUNDLEGENDE UTENSILIEN ZUM BIERBRAUEN

- - - - - - - - - - - - - - -

BEHÄLTER UND FILTERUNGSSYSTEME

• 1 Braugefäß (oder Maischebottich oder Braupfanne)

Verwenden Sie einen Topf für Lebensmittel aus rostfreiem (Nirosta) oder emailliertem Stahl mit Deckel mit einem Fassungsvermögen von mindestens 30 Litern. Dieser wird zuerst dafür verwendet, das Wasser zu erhitzen, dem das Malz hinzugefügt wird, und danach wird die so entstehende Maische gebraut. Später kann er als Behälter für die geklärte Würze dienen, bevor diese in Flaschen abgefüllt wird.

> *Sie können auch einen doppelwandigen Kessel mit einem Fassungsvermögen von 30 Litern verwenden, der die im Rezept vorgesehenen Temperaturstufen einhält. Achtung, dabei handelt es sich um eine gigantische Thermoskanne, die man nicht auf eine Wärmequelle stellt (was auch ihren Vorteil darstellt). Wenn Sie darin maischen, müssen Sie das Wasser in einem separaten Kessel erhitzen (Infusionsverfahren, s. S. 39).*

> *Dieses kann mit einem Ventil (Hahn) ausgestattet sein, damit die Flüssigkeit der Maische problemlos unten abfließen kann (s. S. 196).*

• 1 Kochkessel

Verwenden Sie auch hierfür einen Topf für Lebensmittel aus Nirosta oder emailliertem Stahl mit Deckel mit einem Fassungsvermögen von mindestens 30 Litern. In diesem kochen Sie die Bierwürze. Da die Würze intensiv kochen muss und das Gemisch in dieser Phase stark schäumt, muss das Gefäß groß genug sein, damit die Würze nicht überkocht.

> *Dieser kann mit einem Ventil (Hahn) ausgestattet sein, damit die gekochte Bierwürze problemlos unten abfließen kann (s. S. 196).*

• 1 großes Nirosta-Sieb

Dieses sollte für mindestens 5 kg Treber ausgelegt sein, über stabile Henkel verfügen und groß genug sein, damit es im Kochkessel hält.

> *Oder Sie verwenden einen Filter am Kesselboden oder einen flexiblen Filter (s. S. 198).*

• 1 Ersatztopf
Verwenden Sie einen Topf für Lebensmittel mit Deckel, der ein Fassungsvermögen von mindestens 20 Litern hat. Er dient Ihnen dazu, das Wasser zum Ausschwemmen des Trebers zu erhitzen und anschließend zum Auskochen/Desinfizieren der kleineren Utensilien.

• 1 Gärbottich mit Deckel
Wir schätzen hier große Glasballons (Ballonflaschen mit einem Fassungsvermögen von 30 Litern), die jedoch einen breiten Flaschenhals haben müssen, da man mit dem Arm hineingelangen können muss, um sie einfacher gründlich reinigen zu können. Um etwa 30 Euro kann man sie bei den Kleinanzeigen, im Gebrauchtwarengeschäft oder bei Internethändlern finden (s. S. 224).
> *Oder Sie verwenden einen Gärkessel aus Nirosta, der teurer, aber im Gegensatz zu einem Glasballon nicht zerbrechlich ist.*
> *Oder Sie verwenden einen Gärbottich aus Plastik, der billiger und leicht, aber schwieriger zu reinigen und nicht sehr umweltfreundlich ist!*

• 1 großer Kochtopf
Dieser sollte ein Fassungsvermögen von 3 oder 4 Litern haben und dient Ihnen zum Umgießen von Wasser, Maische oder gekochter Würze.

• 1 Gefäß für die Hefe
Nehmen Sie aus hygienischen Gründen eines aus Glas, welches einen Deckel hat. Es sollte ein Fassungsvermögen von 750 ml haben, da die Hefe, sobald sie aktiviert wird, schäumt und etwas an Volumen zunimmt.

MESS- UND KONTROLLGERÄTE

• 1 Waage
Idealerweise sollten Sie eine elektronische Waage verwenden, damit Sie vor allem den Hopfen ganz genau wiegen können.

• 1 Kännchen
Damit können Sie kleine Wassermengen entnehmen.

• 2 Thermometer
Verwenden Sie einfache Alkoholthermometer, die lang genug sein sollten, damit Sie sich bei den Kontrollmessungen der Temperatur nicht verbrühen. Elektronische Thermometer sollten Sie meiden, da sie in feuchter und warmer Umgebung – wie das beim Brauen der Fall ist – oftmals falsche Werte anzeigen. Wir

empfehlen Ihnen, immer zwei Thermometer zu haben, damit Sie stets eines zur Hand haben: Die Temperatur ist ein sehr wichtiger Faktor für das Bierbrauen. Können Sie die Temperatur nicht messen, ist das Gift für Ihr Bier.

• 1 Aräometer und 1 Eprouvette

Das Aräometer ist ein für den Brauer unverzichtbares Werkzeug, um die Dichte der Würze zu messen. Dadurch kann man auf die Zuckerkonzentration schließen und den Alkoholgehalt berechnen. Man misst, indem man das Aräometer in einer kleinen Eprouvette platziert, die mit der zu messenden Flüssigkeit gefüllt ist.

• 1 Lineal

Diese kleine flache, metallene Messleiste hilft Ihnen dabei, das Volumen des Schaums in den Kesseln zu messen.

• 1 Gärverschluss

Dieser wird auf dem Deckel oder dem Verschluss des Gärgefäßes platziert und mit Wasser gefüllt. Er sorgt für eine luftdichte Umgebung und verhindert, dass Bakterien und wilde Hefe die Würze verunreinigen. Gleichzeitig kann durch ihn Kohlendioxid entweichen. Ein Gärverschluss mit Rohrschlangen eignet sich für 20 bis 30 Liter Maische, aber ist für größere Mengen zu klein. Verwenden Sie in diesem Fall eine Gärglocke.

ZUSÄTZLICHE UTENSILIEN

• 1 Gasbrenner und 2 Gasflaschen

Wir empfehlen Ihnen die Verwendung eines dreibeinigen Gaskochers, da dieser eine bessere Leistung hat als ein Gasherd. Er hat außerdem vor allem einen Vorteil, und zwar, dass Sie ihn überall am Boden platzieren können (Keller, Garage, eigens für das Brauen eingerichtetes Zimmer ...). Haben Sie immer eine Gasflasche in Reserve zu Hause, falls es einmal eine Panne gibt.

• 1 Getreidemühle

Diese dient zur Zerkleinerung des Malzes (s. S. 30), ist aber optional, wenn Sie bereits zerkleinertes Malz kaufen. Bestimmte lokale Brauer verkaufen fertig zerkleinertes Malz an Privatkäufer. Sie können dieses Gerät auch gemeinsam anschaffen, wenn Sie sich zu mehreren ans Hobbybrauen machen. Gebrauchte Getreidemühlen findet man auf den Kleinanzeigenseiten im Internet.

• 1 großer Pfannenwender oder ein Bierpaddel

Das Bierpaddel sollte einen langen Griff haben, damit Sie den Boden des Bottichs erreichen und verhindern können, dass die Maische dort festklebt. Wie Sie ein gutes Bierpaddel selbst herstellen, erfahren Sie auf S. 200.

• Stoffsäcke

In diesen können Sie die Hopfenzapfen oder die Pellets platzieren, um zu verhindern, dass sie sich während des Kochvorganges oder der Nachgärung in der Würze verteilen. Sie sind noch nützlicher, wenn Sie beim Umfüllen der Würze Rohre verwenden, da diese so nicht verstopft werden. Die Säcke können wiederverwendet werden, müssen aber nach jeder Verwendung gründlich gereinigt und getrocknet werden.

• 1 großes Gefäß

Dieses dient zur Aufbewahrung der desinfizierten, kleineren Utensilien. Dieses kann entweder aus Glas oder aus Metall sein, muss aber kochendem Wasser standhalten.

• 1 Metallzange

Diese ist sehr nützlich, um kleine Utensilien nach dem Auskochen aus dem heißen Wasser zu fischen.

• 1 Trichter

Dieser wird im Flaschenhals der mit Bier zu befüllenden Flaschen platziert. Idealerweise ist er aus Metall, damit er der für die Desinfektion notwendigen Hitze gut standhält.

> *Oder Sie verwenden einen flexiblen Plastikschlauch, um die Würze abzuzapfen, ohne dabei den Trub, der sich abgesetzt hat, aufzuwirbeln. Wählen Sie einen transparenten Schlauch, damit Sie immer seine Sauberkeit kontrollieren können.*

• Flaschen aus braunem Glas

Sammeln Sie davon mindestens ungefähr 30 aus braunem Glas mit einem Fassungsvermögen von 750 ml, wenn Sie 20 Liter brauen. Sie können sie neu kaufen (s. Adressliste auf S. 224) oder gebrauchte Flaschen wiederverwenden. In diesem Fall müssen Sie sie gründlichst reinigen und desinfizieren, um sie vollständig von Bakterien zu befreien.

• 1 Avinator

Dieses Flaschenspülgerät besitzt ein Reservoir und ein automatisches Pumpsystem, das einen Strahl Desinfektionsgel beziehungsweise Spülwasser in die Flasche schießt, wenn man diese auf das Endstück drückt.

• 1 Kronenkorker und Kronkorken

Mit dieser Maschine werden die Flaschen mit den Kronkorken verschlossen. Sie finden verschiedene Modelle, die entweder manuell oder als Tischmaschine funktionieren und deren Preise zwischen 20 und 50 Euro liegen. Es handelt sich um eine gute Investition, da Sie diese Maschine auch für Ihre Flaschen für selbstgemachten Fruchtsaft oder selbstgemachte Limonade nutzen können.

HYGIENE
IN DER BRAUEREI

– – – – – – – – – – – – – –

Es ist unmöglich, sie mit freiem Auge zu erkennen ... und dennoch können Millionen von Mikroorganismen, die Appetit auf die Nährstoffe in der Bierwürze haben, das wertvolle Getränk kolonisieren! Die Einhaltung striktester Hygiene ist das Um und Auf, um sicherzustellen, dass die Hefen, Garanten einer gelungenen Gärung, den Kampf gegen die anderen Mikroorganismen gewinnen.

BIERWÜRZE: DAS ERLEBNISBAD
FÜR MIKROORGANISMEN

– –

Bierwürze ist ein Wasserparadies für Mikroorganismen (oder Keime), die sich dort in aller Ruhe vermehren können.
Sie finden dort große Mengen an Nährstoffen (Kohlenhydrate, Eiweiße), Vitaminen (wahre Wachstumsbeschleuniger), Spurenelementen, einen optimalen pH-Wert ...
Sie leben während des Brauvorganges natürlich rund um uns, vor allem in der Luft. Bestimmte Arten können sich auch in der Würze entwickeln: Milchsäurebakterien, Bodenbakterien, wilde Hefen ... Der Brauer aber will nichts von ihnen wissen, da sie Zucker in Säure und nicht in Alkohol umwandeln oder dem Bier unerwünschte Geschmäcke und Gerüche verleihen*.

*Eine Ausnahme stellen die Brauer von Lambic-Bieren dar. Diese werden ausschließlich mit wilder Hefe, die in der Luft vorhanden ist, vergoren und bekommen so eine leicht säuerliche Note. Aber die betreffenden Brauer haben diese kleine Welt sehr gut unter Kontrolle ...

Mikroorganismen –
Was ist das?

Mikroorganismen, oder Mikroben, sind Lebewesen, die man nur mit dem Mikroskop erkennen kann. Dabei handelt es sich um die erste Lebensform, die sich auf der Erde entwickelt hat. Sie sind in allen Arten von Umgebung anzutreffen: in der Luft, in den Ökosystemen (Boden, Süßwasser, Meer), aber auch in extremen Milieus, wie Polregionen, Wüsten, Geysiren oder dem Meeresgrund. Sie schließen sich mit Pflanzen und Tieren zusammen, mit denen sie Symbiose- oder Kommensalismus-Beziehungen (nicht-parasitäre Nutzung eines Lebewesens durch ein anderes) eingehen, oder parasitär oder als Pathogene (die bei Tieren oder Pflanzen Krankheiten auslösen) leben. In der Umgebung des Bieres finden sich hauptsächlich Bakterien und Pilze (darunter die wilde Hefe).

Erläutern wir noch einmal, dass die Krankheitserreger, die in Nahrungsmitteln zu Problemen führen können, im Bier aufgrund seines niedrigen pH-Wertes (3,5 bis 4,5) und des darin enthaltenen Alkohols nicht überleben. Aus diesem Grund ist ein Bier, das von nicht erwünschten Bakterien infiziert wurde, nicht gefährlich für die Gesundheit. Jedoch ist es möglicherweise ungenießbar!

Feind Nr. 1: Milchsäurebakterien

Die Herrschaften *Pediococcus* und *Lactobacillus* sind Bakterien, die Milchsäure produzieren (die man zum Beispiel in Sauerkraut findet), indem sie Einfachzucker in anaerober Umgebung (ohne Sauerstoff) vergären. Sie sind widerstandsfähig gegenüber den ätherischen Ölen des Hopfens und gegenüber Ethanol, aber nicht gegenüber Hitze. Aus diesem Grund sind sie im Gär-Glasballon oder in den Flaschen sehr aktiv. Säure, seltsamer Geschmack oder Trübung des Bieres – da haben Sie die Symptome. Da es sich um anaerobe Bakterien handelt, können diese ihre bedächtige Arbeit in verschlossenen Flaschen fortsetzen und der Haltbarkeitsdauer des Bieres ordentlich schaden.

Feind Nr. 2: wilde Hefen

Diese kommen überall in der Luft und auf unserer Kleidung vor und können für den Brauer zu einer wahren Plage werden, da sie nach wie vor sehr resistent gegen Desinfektionsmittel sind. Eine Würze, in der sich wilde Hefe ansetzt, wird sauer und nimmt den Geschmack von Most oder ein unangenehmes Aroma von Kohl oder Erde an. Wilde Hefen kommen vor allem im Frühjahr in der Atmosphäre vor, da sie mit Blüten, Pollen und Früchten von Natur aus in engem Zusammenhang stehen. Das Bier kann mit ihnen beim Süßen infiziert werden, wenn der Kessel offen ist und wenn es zu zahlreichen Luftströmungen kommt, die Pollen mit sich tragen.

Feind Nr. 3: Essigsäurebakterien

Noch mehr Säure als ihre Milchsäure produzierenden Verwandten produzieren *Acetobacter* und *Acetomonas,* die in der Luft vorkommen und in der Lage sind, bei jedem pH-Wert, der beim Brauen auftritt, aktiv zu werden. Hopfen wirkt kaum antibakteriell auf sie, Alkohol zerstört sie auch nicht. Ganz im Gegenteil, *Acetobacter* (Bestandteil der berühmten Essigmutter) oxidiert Ethanol, wenn Sauerstoff vorhanden ist, und erzeugt Essigsäure, also Essig. Diese Art von Bakterien, die ausschließlich aerob sind, gelangt meist während Phasen des Umfüllens oder der Belüftung in die Würze, während denen das Vorhandensein von Sauerstoff wahrscheinlich ist und damit auch die Aktivität der Bakterien. Hier ist dennoch anzumerken, dass das Auftauchen von Essigsäurebakterien viel seltener vorkommt als das Auftauchen von Milchsäurebakterien. Nach dem Abfüllen in Flaschen stellen sie kein Problem mehr dar, da sie zum Überleben Sauerstoff benötigen.

Wie dem auch sei, es ist stets genau auf die Sauberkeit der Utensilien und besonders auf die eigene Hygiene zu achten, vor allem während bestimmter kritischer Phasen. Aber ist es möglich, sich durch gründliches Desinfizieren wirklich aller Keime zu entledigen?

IST DIE UMGEBUNG NACH DER REINIGUNG UND DER DESINFEKTION STERIL?

Eine sterile Umgebung ist unrealistisch: Die Würze kommt in manchen Phasen mit Luft in Kontakt und man muss den Kessel weit öffnen, um die Hefe anzusetzen. Die kleinste Luftbewegung bringt Staub voller Mikroorganismen mit sich, wir sind nicht in einer sterilen Umgebung.
Gärung sollte nicht als etwas betrachtet werden, das im Labor in einem sterilen Umfeld abläuft, sondern vielmehr als ein Kampf zwischen Mikroorganismen, den unsere Hefe unbedingt gewinnen muss. Die Gärung ist ein Wettlauf, bei dem die Hefen sehr schnell einen Vorsprung gegenüber den Bakterien erkämpfen müssen. Natürlich haben die Bakterien dabei einen Zeitvorteil, da sie sich viel schneller vermehren als die Hefen!

Damit der Kampf siegreich ausgeht, gilt es bei der Gärung mit Hefe zwei Prinzipien einzuhalten:
• Es sollten so wenige Bakterien wie möglich in der Umgebung sein (daher die Wichtigkeit von Reinigung und Desinfektion).
• Es sollten so viele Hefen wie möglich, die gesund und munter sind, vorhanden sein.
Unter diesen Umständen haben die wenigen Bakterien, deren Vorhandensein unmöglich verhindert werden kann, nicht die Möglichkeit, den Ablauf der Gärung zu beeinflussen.

PHASEN, IN DENEN HYGIENE ENTSCHEIDEND IST

Abkühlungsphase
Die Bierwürze, die gerade eine Stunde lang gekocht hat, enthält keine lebensfähigen Mikroorganismen, aber beim Abkühlen kommt sie in eine Phase, in der eine für die Vermehrung der Mikroorganismen ideale Temperatur erreicht wird (für sehr viele Bakterien beträgt diese etwa 37 °C, für Hefen liegt sie eher bei circa 30 °C). Die Hygiene des Kühlsystems (Kühlschlange oder Plattenwärmetauscher) ist also entscheidend. Das kleinste Bakterium hat hier freie Bahn, um sich zu vermehren: Es findet optimale Bedingungen vor und außerdem keine Hefen, die es belästigen könnten, da die Beigabe der Hefe noch nicht erfolgt ist. Für Bakterien genügen einige Stunden an Zeit, um eine Population beträchtlicher Größe zu bilden: exponentielle Wirkung garantiert!

Phase der Hefebeigabe
Die Bierwürze kommt in den Gärbehälter; dieser muss selbstverständlich ganz sauber und desinfiziert sein. Hier muss man nun schnell dabei sein, der

Bierwürze frische und muntere Hefen hinzuzufügen, die sehr bald die Oberhand über die Bakterien und die anderen Mikroorganismen gewinnen können. Im Allgemeinen fügt man der Würze zwischen 0,5 und 0,8 g Hefe pro Liter hinzu (die Päckchen in Standardgröße von ungefähr 12 g genügen für 20 Liter Würze). Das entspricht nicht weniger als 3 Milliarden Hefepilzen pro Liter! Das bedeutet, dass die Bakterien unter diesen Umständen nicht mehr viel Platz haben. Daher sollte man die Hefen vorbereiten und umsorgen, wie auf S. 41 beschrieben.

Phase der Abfüllung in Flaschen

Beim Abfüllen in Flaschen wird der vergorenen Würze erneut Zucker beigegeben, damit diese ein zweites Mal gärt. Oftmals bleiben mehr als ausreichend Hefen in der Flasche, sodass die Gärung von selbst beginnt. Aber Vorsicht, ein zu offenes Gefäß oder ideale klimatische Bedingungen (vor allem im Sommer, wenn wilde Hefen so gut wie überall in der Atmosphäre vorkommen) können dazu führen, dass sich in den Flaschen eine unkontrollierte zweite Gärung abspielt. Hier ist eine Enttäuschung vorprogrammiert, denn, obwohl das Bier im Gärkessel noch in Ordnung ist, verdirbt es nach dem Abfüllen in der Flasche. Auch hier muss man darauf achten, dass das Bier so wenig wie möglich mit Luft in Berührung kommt. Man sollte das Gärgefäß nicht weit öffnen und alles vorher desinfizieren, was man zur vergorenen Würze hinzufügt.

REINIGUNG UND DESINFEKTION DER UTENSILIEN

- - - - - - - - - - - - - -

Reinigen oder desinfizieren? Beides! Man kann seine Brauvorrichtung unmöglich desinfizieren, ohne sie vorher zu reinigen. Reinigen bedeutet, Schmutz und Fremdkörper zu entfernen, sichtbare wie unsichtbare; desinfizieren bedeutet, Bakterien/Hefen so vollständig wie möglich zu entfernen.

Sie müssen also in sauberer Umgebung arbeiten, saubere Kleidung tragen (Vorsicht vor Hunde- oder Katzenhaaren!) und sich möglichst nicht über die Töpfe beugen, wenn Sie sie reinigen. (Erinnern Sie sich, Mikroorganismen sind überall!) Sind Sie bei dieser Etappe nicht vorsichtig, werden Sie mit folgenden Problemen zu kämpfen haben:
• Vorhandensein von unerwünschten Bakterien und schlechtem Geschmack,
• ein verlorener Brautag, Malz und Hopfen, die Sie umsonst gekauft haben,
• schlechte Stabilität oder Fehlen des Schaumes.

REINIGUNG DER UTENSILIEN

- -

Brau-/Maischegefäß, Topf für das Wasser zum Ausschwemmen des Trebers, Gefäß zum Kochen der Wurze, Gärgefäß mit Deckel, großes Sieb, Gefäße für kleine Utensilien, Nirosta-Topf, Gärverschluss, Kühlschlange (oder Kühler), Ablassschlauch, Thermometer, Bierpaddel (oder Brauspatel), Lineal, Aräometer, Eprouvette.
• Waschen Sie sich gründlich die Hände. Wenn Sie vorher im Garten gearbeitet haben, reinigen Sie sich die Hände auch mit einer kleinen Nagelbürste.
• Waschen Sie gründlich die Gefäße (auch außen), deren Deckel und alle kleinen Utensilien mit heißem Wasser, umweltfreundlichem Geschirrspülmittel und einem Schwamm (verwenden Sie die Schaumstoffseite).
Vermeiden Sie mit der rauen Seite des Schwamms Nirosta-Utensilien zu reinigen, da Sie durch die Reibung mikroskopische Risse erzeugen, die den Mikroorganismen als potenzielles Versteck dienen. Versuchen Sie, ganz im

*Gegenteil, alles zu tun, um die glatte Oberfläche des Nirostas zu erhalten.
Für hartnäckige Flecken verwenden Sie eine Geschirrbürste.*

- Kleine Utensilien spülen Sie mit heißem Wasser ab und legen Sie in einem dafür vorgesehenen Gefäß ab (s. S. 82).
- Sind die Kessel nicht sehr schmutzig, spülen Sie diese ebenfalls mit heißem Wasser aus. Sind sie sehr schmutzig, spülen Sie sie nicht sofort aus, da Sie sie feinreinigen werden, was Ihnen erlaubt, Schmutzrückstände an den Wänden ordentlich zu entfernen:
– Geben Sie 2 Esslöffel Backpulver und 50 Milliliter Branntweinessig in jeden Kessel, sodass es sprudelt;
– oder geben Sie 2 Esslöffel Natriumpercarbonat und ein wenig heißes Wasser in jeden Kessel.

Natriumpercarbonat, festes oxidiertes Wasser

Sobald Natriumpercarbonat ins Wasser gelangt, zerfällt es in Natriumcarbonat („Kristallsoda") einerseits, einen oberflächenaktiven Stoff, der gründlich entfettet, und mit Sauerstoff angereichertes Wasser (Wasserstoffperoxid), das für seine bleichende und desinfizierende Wirkung bekannt ist. Es ist nicht giftig für die Umwelt und damit viel umweltschonender als Javelwasser oder Borax, da seine Bestandteile aus natürlichen Rohstoffen stammen (Salz, Wasser und Kreide). Es enthält weder Chlor noch Phosphate, die den Flüssen besonders schaden. Dieses ist der wichtigste Wirkstoff von Chempiro OXI, das beliebteste Reinigungsmittel unter Hobbybrauern. Hier ist anzumerken, dass man Natriumpercarbonat als Pulver im Bio-Geschäft kaufen kann. Löst man es in einer großen Menge heißem Wasser auf (einige Löffel in einem Kessel von 20 bis 30 Litern), muss man es nicht abspülen.

- Reiben Sie kräftig, beginnend bei der Innenseite und reinigen Sie die Außenseite zuletzt. Spülen Sie mit viel heißem Wasser. Vergessen Sie nicht, mit klarem Wasser nachzuspülen, da Rückstände von Spülmittel oder Essig in der Würze Schaumstabilität oder Geschmack des fertigen Bieres beeinflussen können.
- Es wird dringend geraten, die Utensilien nach Beendigung des Brauvorganges zu waschen (Ja, Sie hatten einen langen Tag, aber halten Sie durch, diese Zeit haben Sie für das nächste Mal gewonnen!). Wenn Sie die schmutzigen Töpfe bis zur nächsten Verwendung stehen lassen, gestaltet sich die Reinigung zwangsläufig schwieriger (Würze- und Treberreste haften sehr fest). Außerdem lassen Sie so zu, dass sich unzählige bunte Pilze entwickeln, die zwar sehr hübsch anzusehen, aber ganz und gar nicht empfehlenswert sind! Zumindest sollten Sie die Utensilien mit heißem Wasser abspülen … bevor Sie am nächsten Tag die Reinigung vornehmen.

Alle Utensilien, die mit der Würze nach dem Kochen in Kontakt kommen, müssen desinfiziert werden, damit Sie jedwede Verunreinigung des Bieres vermeiden.

DESINFEKTION

- - - - - - - - - -

Kochgefäß, Gärgefäß, Gärverschluss, Hefegefäß, Kühlschlange (oder Kühler), Nirosta-Kochtopf, Silikon-Ablassschlauch (Silikon hält dem Kochen stand), Gefäß für die kleinen Utensilien, Thermometer (das 100 °C standhält), große Spatel, Lineal.

- Waschen Sie sich gründlich die Hände, trocknen Sie sie mit einem sauberen Tuch ab und ziehen Sie neue Latexhandschuhe an.
- Füllen Sie etwa 20 Liter heißes Wasser in das Kochgefäß.
- Fügen Sie 200 ml 70%igen Alkohol und 10 Topfen ätherisches Öl, entweder Zimtrinden- oder Oreganoöl, hinzu. Diese Öle sind für ihre antiseptische Wirkung bekannt (man kann die beiden Öle auch mischen).
- Bringen Sie das Gemisch zum Kochen. Sobald es kocht, geben Sie die Kühlschlange (oder eine andere Kühlvorrichtung, die Sie benutzen), das Hefegefäß (mit der Dichtung) und das Gefäß für die kleinen Utensilien hinein. 15 Minuten lang zugedeckt kochen lassen.
- Tauchen Sie nach 10 Minuten den Kochtopf ins heiße Wasserbad, indem Sie ihn am Henkel festhalten, schöpfen Sie damit eine große Menge Wasser ab und gießen Sie dieses ins Gärgefäß.

> *Wenn Sie das Gärgefäß mit kaltem Wasser gewaschen haben und direkt danach heißes Wasser hineingießen, kann es passieren, dass es aufgrund des Temperaturschocks bricht. Waschen Sie es also immer mit lauwarmem Wasser und danach erst mit heißem Wasser. Desinfizieren Sie das Gefäß sofort im Anschluss.*

- Fügen Sie 6 bis 7 Tropfen ätherisches Öl hinzu und rühren Sie etwa 10 Sekunden lang kräftig um, um das gesamte Innere zu desinfizieren. Drehen Sie das Gefäß auf den Kopf, um das Wasser auszuleeren, und lassen Sie es abtropfen. Klemmen Sie es zwischen zwei Stühle oder platzieren Sie es so, dass der Hals nicht mit möglicherweise verschmutzten Oberflächen in Kontakt kommt.

> **Wenn Sie so vorgehen, ist das Kontaminationsrisiko gering, da Schmutzstoffe im Staub eher zu Boden sinken als hochsteigen.**

- Nehmen Sie nach dem Kochen das Gefäß für die kleinen Utensilien heraus. Brühen Sie alles dann ein paar Sekunden mithilfe einer Metallzange Stück für Stück ab: das Thermometer, den Deckel des Gärgefäßes, den Gärverschluss, das Lineal, die Spatel, den Ablassschlauch. Legen Sie dann alle Utensilien im dafür vorgesehenen Gefäß ab.
- Gießen Sie das kochende Wasser weg, lassen Sie das Kochgefäß gut abtropfen (ohne dass Sie es auf eine Abtropfschale stellen), stellen Sie es wieder an seinen Platz und verschließen Sie es mit dem Deckel.

ABFÜLLEN IN FLASCHEN

- - - - - - - - - - - - - -

REINIGUNG UND DESINFEKTION DER FLASCHEN

Nehmen Sie neue (diese sind sauberer und von diesen müssen Sie auch keine Etiketten entfernen) oder recycelte Flaschen (spülen Sie diese bei Bedarf aus). In diesem Fall gehen Sie wie folgt vor:
• Weichen Sie die Flaschen eine Nacht in einem heißen Wasserbad ein.
• Waschen Sie die Flaschen am nächsten Morgen mit heißem Seifenwasser und verwenden Sie dabei einen Flaschenreiniger, damit Sie auch Flaschenboden und -seitenwände gut erreichen (dieser Schritt ist bei neuen Flaschen zwecklos).
• Spülen Sie sie gründlich aus, um alle Spuren des Reinigungsmittels zu entfernen (dieser Schritt ist bei neuen Flaschen zwecklos).
• Desinfizieren Sie das Innere der Flaschen mit einer Lösung aus heißem Wasser und Natriumpercarbonat (1 Teelöffel pro Liter Wasser). Verwenden Sie vorzugsweise einen Avinator (s. S. 86), um den Arbeitsschritt zu vereinfachen.
• Lassen Sie die Flaschen kopfüber abtropfen (auf einem sauberen und desinfizierten Untersatz).

ABFÜLLUNG

Nachdem Sie den Zucker für die Nachgärung in Ihr Bier gegeben haben:
• Schöpfen Sie die Würze mit einer (desinfizierten) Suppenkelle ab und befüllen Sie die Flaschen mithilfe eines desinfizierten Trichters. (Das Material hierfür ist einfach zu finden, aber die Methode dauert länger und das Risiko einer Verunreinigung ist größer.)
• Oder Sie bauen aus einem Schlauch mit einem Füllsystem oder mit einem Ventil am Ende einen Siphon. Füllen Sie den Schlauch dafür mit Wasser und tauchen Sie das freie (desinfizierte) Ende ins Bier. Setzen Sie den Siphon in Gang, in dem Sie das Füllsystem über einem Topf betätigen, und beginnen Sie mit dem Füllen der Flaschen, sobald Bier herauskommt.

- Oder führen Sie das Umfüllen durch, indem Sie einen Schlauch an das Ventil des Gefäßes anschließen, in dem sich die Würze befindet, und befüllen Sie so Ihre Flaschen. (Dies ist die einfachste und hygienischste Methode.) Reinigen Sie das Ventil gründlich.
- Füllen Sie die Flaschen alle gleich voll (bis etwa 3 bis 4 cm unter die Öffnung des Flaschenhalses).

VERKORKEN

- Wählen Sie Korken, deren Größe zu jener der Flaschenöffnungen passt (26 oder 29 mm Durchmesser).
- Weichen Sie sie in desinfizierender Lösung ein (1 Esslöffel Natriumpercarbonat aufgelöst in 1 Liter kochendem Wasser).
- Verkorken Sie die Flaschen mit einem Kronenkorker.
- Verwenden Sie gegebenenfalls Flaschen mit mechanischem Verschluss (Fischer o. Ä.), achten Sie dabei aber auf die Qualität der Dichtung (wiederverwendbar) und darauf, dass der Korken die Flasche gut verschließt.

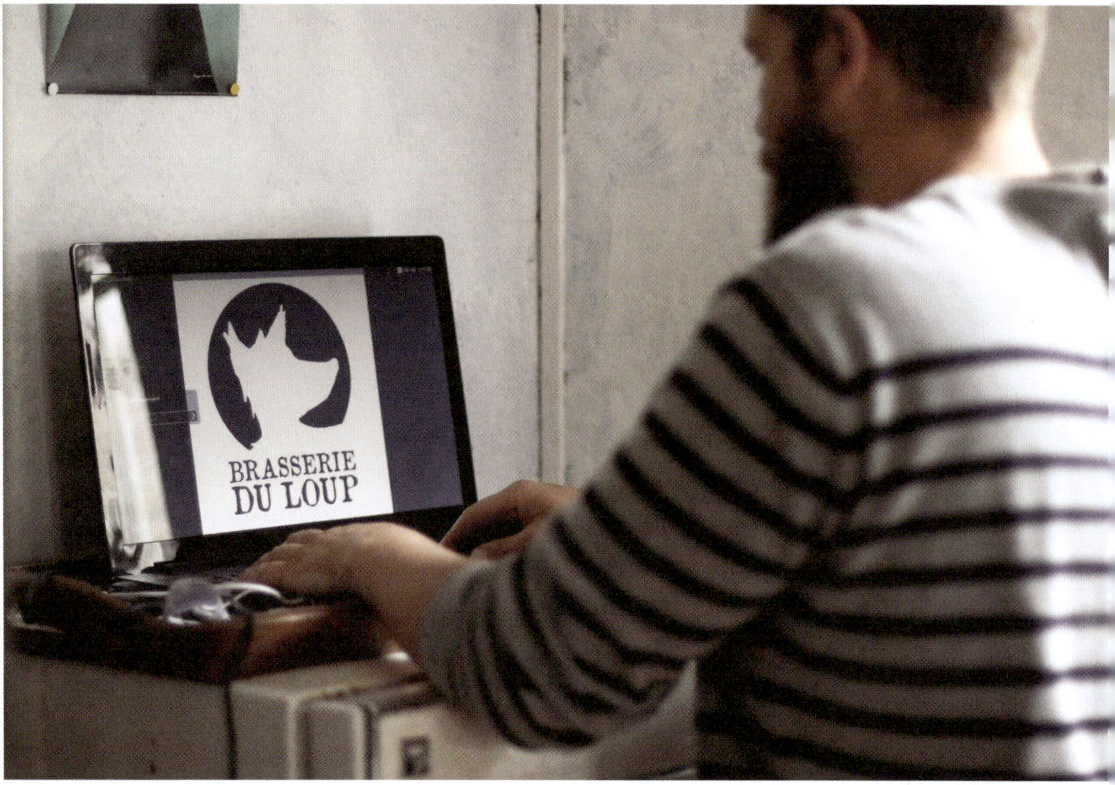
BRASSERIE
DU LOUP

Ouche Nanon
Nanon

Ouche Nanon
NOIRE

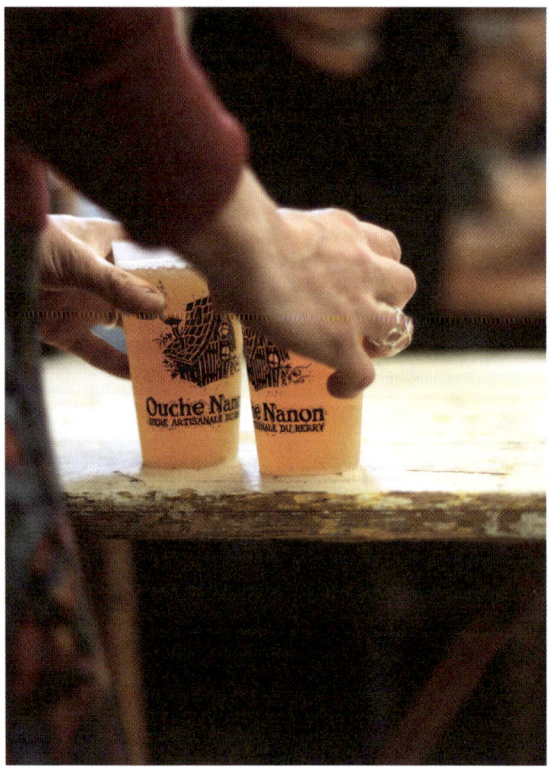

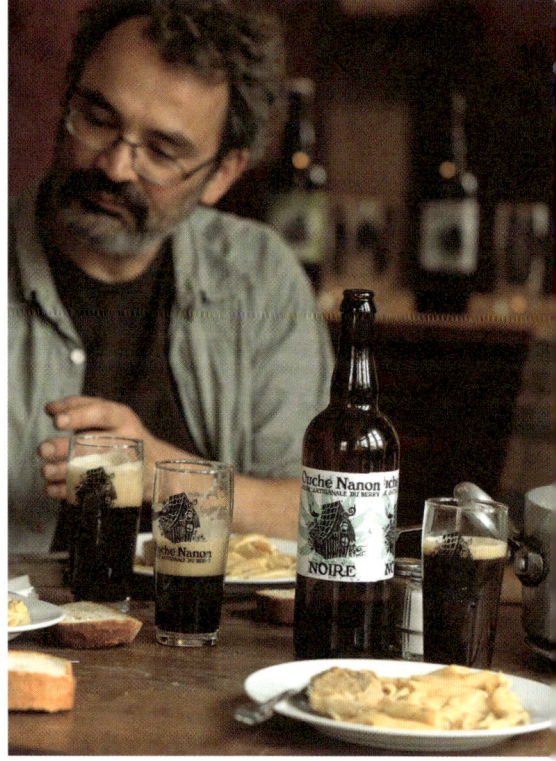

DIE GEHEIMNISSE DES BRAUENS

Verfügen Sie über die grundlegenden Braumaterialien, rechnen Sie etwa einen Tag für ein Bier ein. Mit einem effizienten Erhitzungssystem, Kesseln mit Ventilen und Schläuchen sowie einer Kühlschlange schaffen Sie es in nur fünf Stunden!

ORGANISATION, VERSTAUEN UND REINIGUNG DER UTENSILIEN

Bevor Sie loslegen, räumen Sie Ihren Arbeitsplatz gut auf und achten Sie darauf, dass er relativ sauber ist. Was die Utensilien betrifft, reinigen Sie diese früh genug, damit im letzten Moment keine Panik aufkommt. Ein einfacher, gründlicher Reinigungsdurchgang des Kochkessels genügt, eine Desinfektion ist nicht nötig, da die Würze darin eine Stunde lang kocht. Was die Desinfizierung der kleinen Utensilien angeht (Aräometer, Thermometer, Hefegefäß ...), machen Sie dies in der letzten Minute, während die Würze kocht. Bewahren Sie den Hopfen im Kühlschrank oder noch besser im Gefrierschrank, die Flüssighefe im Kühlschrank und das Malz in einem Zimmer mit gemäßigter Temperatur, in dem es nicht feucht ist, auf.

ZUTATEN

Zu Beginn des Brauvorgangs ist anzunehmen, dass Zutaten und Utensilien 20 °C haben. Wenn man nun in einem Raum mit einer Temperatur zwischen 10 und 12 °C braut (Keller, Garage), mit Zutaten, die in einem anderen Raum mit einer Temperatur zwischen 18 und 20 °C gelagert wurden (Küche), kommt man nicht umhin, leichte Unterschiede in der Dauer bestimmter Etappen festzustellen. Sind die Zutaten kälter, dauert das Erhitzen ganz einfach länger, wenn sie aber wärmer sind, achten Sie auf die Wassertemperatur beim Einmaischen, damit Sie die Temperatur für die Verzuckerungsrast nicht überschreiten! Brauersoftware kann Ihnen bei Berechnungen bezüglich der Temperatur eine große Hilfe sein (s. S. 113).

EINMAISCHEN UND VERZUCKERUNG

Bei der grundlegenden Methode, die wir in diesem Buch erklärt haben, verwenden wir die direkte Erhitzung, um die verschiedenen Temperaturrasten zu erreichen, aber es gibt noch zahlreiche andere Arten. Man kann zum Beispiel das Wasser in einem anderen Kessel erhitzen, bevor man es in den Braukessel gießt (Infusionsverfahren). Wenn Sie mit dieser Methode arbeiten, können Sie, wenn Sie wollen, mit einem Doppelwandkessel mit luftundurchlässigem Deckel arbeiten (s. S. 80), welcher den Vorteil hat, dass er die Maische auf der gewünschten Temperatur hält. Dieser kommt ohne Gas aus (direkte Hitzeeinwirkung ist bei dieser Art von Kessel übrigens verboten, da es sich bei diesen um eine Art gigantische Thermoskanne handelt). Mit dem Infusionsverfahren kann die gewünschte Temperatur sehr schnell erreicht werden, da es hier keine Phase des Temperaturanstiegs gibt. Dieses Verfahren ist etwas schwieriger umzusetzen, da Berechnungen notwendig sind, um die gewünschte Temperatur zu erreichen. Es ist möglich, eine Mischform aus beiden Verfahren durchzuführen, indem heißes Wasser zugeführt wird und dann die Feineinstellung der Temperatur durch Erhitzen des Topfs geschieht.

Lassen Sie das Malz beim Einmaischen in den Topf rieseln und rühren Sie regelmäßig behutsam um, damit sich keine Klumpen bilden. Bei der direkten Erhitzung erlaubt regelmäßiges Umrühren, dass sich die Hitze gut verteilt und dass kein Getreide am Boden des Gefäßes festklebt. Es ist nicht notwendig, das Gas permanent eingeschaltet zu lassen, aber achten Sie darauf, keinesfalls die angegebene Temperatur zu überschreiten. Sonst kommt alles zum Stillstand!

Bei der Verzuckerung sollten Sie die Maische nicht zu oft umrühren, da Sauerstoffzufuhr zu vermeiden ist. Bei diesen Temperaturen oxidiert die Würze schnell und kann dem Bier einen Geschmack nach feuchtem Karton verleihen. Wenn Sie geröstetes Malz verwenden, das dem Bier einen ausgeprägten Geschmack verleiht, können Sie dieses am Ende des Einmaischens hinzugeben: So können Sie seine süßen Aromen zur Geltung bringen, während Sie gleichzeitig dessen Bitterkeit umgehen.

ANHALTEN/ZERSTÖREN DER ENZYME

Das Ziel dieser Etappe ist es, die Verzuckerung, die von den Enzymen (Alpha amylase und Betaamylase) ausgelöst wurde, zu stoppen und so die Rundheit im fertigen Bier zu erhalten. Betaamylase, die Stärke zersetzt, ist besonders hitzeempfindlich: Die Rast bei 75 °C zerstört sie also. Die Alphaamylase bleibt in geringem Maße aktiv, aber dennoch bleibt die gewünschte Menge an nicht vergärbaren Mehrfachzuckern in der Würze erhalten. Stoppt man hier die Enzyme nicht, laufen die enzymatischen Reaktionen weiter und die

Würze wird immer vergärbarer: Daraus wird mit Sicherheit kein süßes, malzbetontes Bier mehr.

LÄUTERN DES TREBERS

Dieser Vorgang kann je nach Korngröße und verwendeter Methode unterschiedlich lange dauern. Maischen, die rohes Korn (Weizen, Roggen) enthalten, sind oft schwieriger zu filtern, da sie eine Art Stärkegel bilden, das aufgrund des in Rohgetreide in großen Mengen enthaltenen Beta-Glucans wenig durchlässig ist. Die in diesem Buch vorgeschlagene Technik ist die einfachste: Man nimmt ein Sieb, das groß genug ist, damit es stabil auf dem Kochgefäß aufliegt. Mit dem Infusionsverfahren in einem Doppelwandkessel, bei dem Mischen nicht notwendig ist, kann man direkt unten im Kessel einen Filter einbauen (s. S. 198). Diese Lösung ist effizienter als das Sieb.

Filtern Sie nicht zu viel! Es könnte verlockend sein, oft auszuschwemmen, um die Ergiebigkeit zu verbessern, aber dies würde auf Kosten der Qualität geschehen. Man sollte eine Dichte von 1,010 beim letzten Filtrat nicht unterschreiten. Wässeriger Geschmack des Bieres könnte ansonsten das Ergebnis solcher Vorgehensweisen sein.

AUSSCHWEMMEN DES TREBERS

Man muss verstehen, dass der Filter selbst aus Treber besteht, also rühren Sie nicht zur falschen Zeit um! Gießen Sie immer ruhig, langsam und stetig, damit sich der Treberkuchen bilden kann. Je nach Typ der Maische und Material kann das Filtrieren und Läutern zwischen 30 Minuten und vier Stunden dauern.

DICHTEMESSUNG VOR DEM KOCHEN; ERSTE KONTROLLE

In diesem Stadium können Sie die filtrierte Würze kosten und ihren Zuckergehalt beurteilen. Je nachdem, was das Aräometer anzeigt, können Sie Folgendes tun:
- Wenn Volumen und Dichte mit den Angaben im Rezept übereinstimmen, ist alles in Ordnung. Gehen Sie weiter zum nächsten Schritt.
- Wenn das Volumen zu niedrig ist und die Dichte zu hoch, muss der Treber noch weiter ausgeschwemmt werden (mit 75 °C heißem Wasser).
- Wenn das Volumen passt oder zu hoch ist, aber die Dichte zu niedrig, ist es besser, die Würze länger zu kochen, als ursprünglich vorgesehen, damit sie konzentrierter wird und die gewünschte Dichte erreicht wird. Gehen Sie so vor, dass Sie die Würze zum Kochen bringen, bevor Sie den Bitterhopfen hinzufügen, und beginnen Sie mit der Hopfengabe, sobald die Würze die richtige Dichte „vor dem Kochen" erreicht hat.

KOCHEN DER WÜRZE

Die Würze muss beim Kochen heftig und intensiv aufwallen, damit sie schön große Blasen bildet. Es sollte deutlich erkennbar sein, dass die Eiweiße in Bewegung geraten und Klumpen bilden. Dieses Zerbrechen der Eiweiße ist notwendig und ein Zeichen dafür, dass das Kochen richtig verläuft. Dennoch sollte das Ganze nicht überkochen. Um den Schaum zurückgehen zu lassen und das Überkochen zu verhindern, sollten Sie die Flamme abdrehen, danach mit dem Bierpaddel umrühren und die Flamme wieder einschalten.

Die richtige Größe der Kessel

Brauen geht im Allgemeinen leichter, wenn Durchmesser und Höhe der Kessel annähernd gleich sind. Sehr hohe oder sehr flache Kessel eignen sich meistens nicht gut: Es ist schwierig, den Schaum in einem engen, zylindrischen Kessel zu behalten, und es ist schwer, in einem sehr breiten Kessel zu erreichen, dass die Würze ordentlich aufwallt.

WHIRLPOOL

Die Schaffung dieser Verwirbelungen sollte stattfinden, damit sich die Eiweißteilchen in der Mitte des Kessels sammeln und damit so das Bier klarer wird. Man sorgt für diese Verwirbelungen, indem man am äußeren Rand des Kessels mit einer Spatel umrührt, nachdem die Hitze abgeschaltet wurde. Dies wird in professionellen Brauereien beinahe routinemäßig durchgeführt, wird Ihnen aber schwerfallen, wenn Ihr Kessel nicht groß genug ist.

DESINFEKTION DER UTENSILIEN

Dies stellt eine entscheidende Etappe dar! Alle unsere Hinweise finden Sie auf S. 92.

ABKÜHLEN

Das Umfüllen der Würze in das Gärgefäß stellt einen schwierigen Schritt dar. Je nach Material muss man mit kochender Würze hantieren (Vorsicht vor Verbrühungen!) oder mit Kühlmaterial während einer im Hinblick auf Verunreinigungen durch Keime höchst riskanten Phase.

• Entweder man füllt die heiße Würze in das Gärgefäß um: In diesem Fall müssen Sie darauf achten, dass Ihr Plastikkessel oder Ihr Glasballon hohen Temperaturen standhält. Gießen Sie die Würze langsam um, damit es zu keinem Temperaturschock kommt. Wenn Sie wollen, können Sie den geschlossenen Kessel in eine Badewanne stellen und ihn allmählich mit kaltem Wasser besprenkeln. Der große Vorteil hierbei ist das geringe Verunreinigungsrisiko, da die kochende Würze das Gefäß erhitzt und „sterilisiert". Der Nachteil ist, dass der Vorgang langsam vorangeht: Mehrere Stunden oder sogar eine ganze Nacht lang muss die Würze abkühlen.

• Oder man benutzt ein Kühlsystem (Wärmetauscher, Rohrschlangen etc.). In einigen Minuten kommt man von einer Temperatur von 100 °C auf 25 °C! Ein Verunreinigungsrisiko besteht dennoch, da man in einer für Bakterien günstigen Umgebung Material verwendet, das möglicherweise Keime beherbergt. Diese sind noch dazu bei der Temperatur von 25 bis 40 °C in Bestform. Die Kühlschlange (s. S. 199) muss desinfiziert werden (s. S. 92), bevor sie in die kochende Würze gelangen darf. Das kalte Wasser, das darin zirkuliert, macht den Abkühlungsvorgang im Allgemeinen effizient. Dennoch darf man sich keinesfalls über die Würze beugen und muss einen desinfizierten Deckel benutzen, damit die Würze keinen Luftströmungen ausgesetzt ist, die möglicherweise Bakterien und wilde Hefen mit sich tragen.

MESSUNG DER ANFANGSDICHTE, ZWEITE KONTROLLE

Sobald die Würze abgekühlt ist, nehmen Sie mit desinfizierten Utensilien ein wenig davon heraus und kontrollieren Sie ihre Dichte. Ist die Dichte zu hoch, können Sie die Würze verdünnen, indem Sie etwas zuvor gekochtes Wasser hinzufügen. Rechnen Sie sich die Menge an Wasser aus, das hinzugefügt werden soll, indem Sie einen einfachen Dreisatz verwenden, für den Sie den Teil „hinter dem Komma" der Dichte verwenden: Sie haben 20 l Würze mit einer Dichte von 1,065, wohingegen das Rezept von einer Dichte von 1,060 ausgeht.

Endvolumen = Anfangsvolumen × Anfangsdichte
„Wert nach dem Komma" / Enddichte „nach dem Komma"

Das wäre in unserem Beispiel:

Endvolumen = 20 × 65 / 60 = 21,66 l.
Somit müssen 21,66 – 20 = 1,66 l Wasser hinzugefügt werden.

Man kann die Würze auch so lassen, wie sie ist, und dann ergibt sich ein höherer Alkoholgehalt. Ist die Dichte niedriger, wird Ihr Bier weniger Alkohol enthalten als vorgesehen.

OXIDATION DER WÜRZE

Wenn Sie die Würze in das desinfizierte Gärgefäß umfüllen, tun Sie dies möglichst langsam, damit ihr eine möglichst große Menge Sauerstoff zukommt. Diese Oxidation erlaubt der Hefe später, sich in einer für sie günstigen Umgebung zu entwickeln und darf nur in abgekühlter Würze stattfinden. Ansonsten ist der Vorgang unnütz (Sauerstoff löst sich heiß nur sehr schwer auf) und die Aromastoffe in der Würze oxidieren, was zu Fremdgeschmäcken führt.

Zwischen Risiken und Effizienz ...

Mehrere Etappen der Bierherstellung erfordern Entscheidungen, bei denen man sich zwischen Risiken und Effizienz bewegt. Zum Beispiel wird oft empfohlen, die Würze vor der Gärung zu oxidieren. Es stimmt, dass Sauerstoff für eine schnelle Vermehrung der Hefen sorgt. Eine abrupte Oxidation in einer nicht sterilen Umgebung (mitten im Sommer in einer Garage, wenn die Luft voller wilder Hefen ist) und in einer Würze mit einer optimalen Temperatur von 30 °C führt mit Sicherheit zu Verunreinigungen! In kleinen Brauereien entscheidet man sich oft dafür, das Risiko eines nicht gelungenen Bieres nicht einzugehen, auf die Gefahr hin, dass man dann etwas mehr Hefe braucht.

HEFEGABE

Diese darf nur in auf 25 °C abgekühlter Würze durchgeführt werden. Die aktiven Trockenhefen können direkt in die Würze gegeben werden, ohne vorher befeuchtet worden zu sein. Man kann sie auch befeuchten, damit sie alle in Bestform und einsatzbereit sind. Desinfizieren Sie dafür ein Gefäß mit einer Kautschukdichtung (s. S. 82). Platzieren Sie es auf einer sauberen Arbeitsfläche, gießen Sie einen kleinen Schöpfer kochende Würze oder steriles Wasser hinein und verschließen Sie es luftdicht. Lassen Sie es auf 25 bis 30 °C abkühlen (überprüfen Sie die Wärme mit Ihrer Hand oder Ihrer Wange), öffnen Sie es vorsichtig, gießen Sie die Trockenhefe hinein und verschließen Sie es wieder. Platzieren Sie das Gefäß an einem warmen Ort und warten Sie etwa 20 Minuten. Schaumige, cremige Ablagerungen bilden sich: Die Hefen sind aktiviert. Jetzt müssen sie nur mehr in die im Gärbottich befindliche Würze gegossen werden. Wenn Sie die Hefe länger im Hefegefäß lassen wollen, öffnen Sie es zwischendurch, damit die entstehenden Gase entweichen können.

HAUPTGÄRUNG

Die Hauptgärung ist eine sehr wichtige Etappe im Bierbrauprozess. Diese Phase gelingt am schwersten, da verschiedene Faktoren auf ihren Ablauf Einfluss nehmen können.
• Temperatur: Eine Hefe führt bei 18 °C zu anderen Ergebnissen als bei 25 °C. Der Geschmack, der sich entwickelt, und die Dichte sind anders, genauso aber auch das Aroma des Hopfens, das sich bei höheren Temperaturen schneller verflüchtigt.
• Die Menge an Hefe, die man ansetzt: Die Lebendigkeit der Hefen hat Einfluss auf den Ablauf der Gärung. Zum Beispiel werden, wenn kleine Hefepopulationen zugegeben wurden, in deren Wachstumsphase mehr Ester produziert und die Enddichte ist niedriger.
• Die Form des Gärbehälters: Auch sie hat Einfluss auf den Ablauf der Gärung. In unserer Brauerei haben wir beträchtliche Unterschiede im Ablauf zwischen hohen Kesseln und eher „quadratischen" Kesseln festgestellt, bei denen Höhe und Durchmesser ähnlich sind.

Der Gärverschluss (oder die Gärglocke), der auf dem Verschluss (oder dem Deckel) des Gärgefäßes sitzt, muss mit sauberem Wasser oder Desinfektionslösung gefüllt sein. Stellen Sie das Gärgefäß in einen Raum mit gemäßigter Temperatur (zwischen 20 und 22 °C). Es wird empfohlen, es nur dann in eine Decke zu wickeln, wenn der Raum kalt ist. Da die Hefe jedoch exothermisch ist, kann sich die Würze sehr schnell aufheizen (bei 28 °C ist das Bier überhaupt nicht mehr gut). Ist die Temperatur nicht hoch genug, endet die Gärung zu früh. In diesem Fall muss die Temperatur der Würze erhöht und das Gärgefäß in einen warmen Raum gestellt werden.

MESSUNG DER ENDDICHTE, DRITTE KONTROLLE

Überprüfen Sie anschließend mit dem Aräometer (das mit Alkohol desinfiziert wurde), ob die Gärung abgeschlossen ist, indem Sie die Enddichte messen. Sie darf dabei vom im Rezept angegebenen Wert um mehr oder weniger als 0,002 abweichen, zum Beispiel: 1,018 < Enddichte (= 1,020) < 1,022.

KALTHOPFUNG ODER DRY-HOPPING

Diese Methode erlaubt es, das Bier mit den im Hopfen enthaltenen ätherischen Ölen zu aromatisieren. Denken Sie daran, das Hopfensäckchen abzubrühen, bevor Sie den Hopfen hineingeben und alles in den Gärkessel geben.

NACHGÄRUNG (LAGERUNG)

Dies ist eine wichtige Etappe des Bierbrauprozesses, da dabei viele Reaktionen ablaufen und das Bier verfeinern. Die Lagerungstemperatur ist hierbei eine bedeutende Größe. Eine Lagerung im Keller bei 10 °C ist schon nicht schlecht, aber eine Lagerung im Kühlschrank bei 5 °C ist besser, da die Hefe sich so besser absetzt und die Klärung besser abläuft. Die Methode, die wir hier vorschlagen, ist die Lagerung auf Trub: Das Gärgefäß wird abgekühlt und die Nachgärung läuft auf dem Hefetrub ab, der sich am Boden ablagert. Wie bei einigen Weinen sorgt dieser Hefetrub für einen interessanten, verfeinerten Hefe- und Hopfengeschmack (so arbeiten wir

auch in unserer Brauerei). Der Hauptvorteil dieser Methode ist, dass sie einfach umsetzbar sowie mit wenigen Handgriffen und damit mit wenig Verunreinigungsrisiko verbunden ist. Die zweite weitverbreitete Technik besteht darin, das Bier nach der Hauptgärung in ein anderes Gefäß umzufüllen und den Gärtrub dabei nicht zu entfernen. Das Ergebnis sind klare Biere mit wenig Hefegeschmack. Hierbei muss die Hygiene einwandfrei eingehalten werden, ansonsten ist Verunreinigung quasi unausweichlich.

KLÄRUNG DER WÜRZE

Die vergorene Würze muss vorsichtig in ein desinfiziertes Gefäß gegossen werden, wobei darauf geachtet werden muss, dass die Bodenschicht aus Hopfen und Hefe nicht aufgewirbelt wird. Dies führt möglicherweise beim Öffnen der Flasche zu einem Phänomen, das sich *gushing* nennt (mehr oder weniger starkes Überschäumen). Mehrere Methoden stehen zur Auswahl:

• Entweder man trägt den Kessel, füllt um und ruiniert sich dabei den Rücken, verschüttet die Würze überall und riskiert Verunreinigung,
• oder man saugt sie mit einem biegsamen Schlauch ab,
• oder man hatte die geniale Idee, ein Ventil am Gefäß anzubringen (s. S. 196)!

HINZUFÜGEN VON ZUCKER

Sirup wird hinzugefügt, um eine zweite Gärung in der Flasche anzuregen und die wertvollen Bläschen im Bier zu erreichen. Zur Herstellung von Sirup mischt man Zucker und Wasser in einem Topf und bringt die Mischung zum Kochen, um sie zu sterilisieren. Den Sirup gießt man in die Würze, solange er noch heiß ist, und rührt das Ganze mit einer desinfizierten Spatel um. Man kann Rohrzuckersirup verwenden (dieser muss drei Minuten lang gekocht werden), wenn man im Gedächtnis behält, dass Sirup im Allgemeinen 825 g Zucker pro Liter Wasser enthält.

ABFÜLLEN IN FLASCHEN

Alles dazu erklären wir auf S. 96, aber man kann es nicht oft genug sagen: Seien Sie streng bei der Reinigung und der Desinfektion der Flaschen!

BERECHNUNGEN UND GEOMETRIE DES BIERES

- - - - - - - - - - - - - -

Sie werden dazu angehalten, im Laufe des Bierherstellungsprozesses verschiedene Messungen und Rechnungen zu machen, um sicherzustellen, dass der Prozess richtig abläuft. Für jene unter Ihnen, die vielleicht keine Mathegenies sind oder die die Formeln (die von den Lehrern in der Schule bis zum Überdruss wiederholt wurden) vergessen haben, steht eine kleine Wiederholung an der Tagesordnung.

BEI DER VORBEREITUNG DER ZUTATEN: ABWIEGEN DES HOPFENS

- -

Im Rezept des SMASH 66 zum Beispiel (s. S. 124) muss man, wenn man den Hopfen Fuggles mit einem Alphasäuregehalt von 5,2 statt 5,7 %, die im Rezept verlangt werden, gekauft hat, die Menge gemäß IBU anpassen (s. S. 112). Dafür reicht ein Dreisatz.

nM = neue Menge • MR = Menge im Rezept • Ag = Alphasäuregehalt des gekauften Hopfens (%) • AR = im Rezept angegebener Alphasäuregehalt (%)

$$\text{Formel: nM} = 30 \text{ g} \times 5,7 / 5,2 = 33 \text{ g (auf Gramm gerundet)}$$

Sie fügen also 33 statt den 30 angegebenen Gramm hinzu.
Ansonsten finden Sie am Ende des Buches die Berechnung der IBU für ein Bier.

ZUM AUSMESSEN KLEINER MENGEN WASSER

- -

Ein einfacher Krug mit Skala genügt.

ZUM AUSMESSEN GROSSER MENGEN WASSER ODER DER BEREITS IN DEN KESSELN BEFINDLICHEN VOLUMINA

Sie werden dazu angehalten, große Mengen von Flüssigkeiten zu messen: Wasser zum Kochen des Malzes bei der Einmaischphase, beim Läutern des Trebers ... Es geht also schneller, die Höhe des Flüssigkeitsstandes im Topf, der dem gewünschten Volumen entspricht, zu berechnen.

V = Volumen (in l) • pi = 3,14 • r = Radius des Gefäßinneren (in cm) • h= Höhe des Flüssigkeitstandes (in cm)

Formel: $h = V \times 1\,000 / (pi \times r^2)$

Vorsicht, manchmal muss man auch Volumina im Topf, die noch dazukommen, mit einberechnen. Zum Beispiel arbeiten wir beim Rezept für das *English Pale Ale* auf S. 154 mit einer Mischung aus Rohgetreide (400 g) und Wasser (3 l), zu welchem noch 20 l Wasser hinzugefügt werden sollen. Dafür muss zuerst mit einem Lineal die Höhe der Mischung aus Gerste und Wasser gemessen werden, die als „O" bezeichnet wird. Diese muss dann zum Ergebnis addiert werden, um die Gesamthöhe im Kessel zu errechnen.

Beispiel für einen Kessel mit 40 cm Durchmesser
r = 20 cm • V = 20 l • „O" = gemessener Wert = 4 cm

Damit man auf 20 l Wasser kommt, das hinzugefügt wird, muss der Flüssigkeitsstand folgende Höhe erreichen:
h = 20 × 1 000 / (3,14 × 20 × 20) = 15,9 + „O" = 19,9 cm

UM DIE DICHTE DER WÜRZE IN DEN VERSCHIEDENEN ETAPPEN DES BRAUVORGANGES ZU MESSEN

Hierfür sehen Sie sich die Ausführungen zum Aräometer auf S. 114 an.

UM DAS VOLUMEN DES BIERES VOR DEM HINZUFÜGEN DES ZUCKERS ZU MESSEN

Messen Sie die Höhe des Bieres, die in den desinfizierten Topf gefüllt wurde, mit einem sauberen und desinfizierten Lineal.

V = Volumen (in l) • pi = 3,14 • r = Radius des Kesselinneren (in cm) • h = Höhe des Flüssigkeitsstandes (in cm)

Formel zur Berechnung des Volumens eines zylindrischen Kessels:
$$V = (pi \times r^2 \times h) / 1\,000$$

**Beispiel für einen Kessel mit 40 cm Durchmesser
und einem Flüssigkeitsstand von 15,5 cm**
$$V = (3,14 \times 20 \times 20 \times 17,5) / 1\,000 = 22\ l$$

Sobald Ihnen das Volumen einmal bekannt ist, können Sie die Menge an Sirup berechnen, die Sie zum Süßen brauchen.

UM DIE MENGE AN HOPFEN ZU BERECHNEN, DIE FÜR EIN REZEPT BENÖTIGT WIRD

In erster Linie müssen Sie das Profil Ihres Bieres anhand der gewünschten Bitterkeit und/oder des gewünschten Aromas definieren. Wenn Sie ein bitteres und wenig hopfenbetontes Bier möchten, verwenden Sie beispielsweise 70 % Bitterhopfen und 30 % Aromahopfen. Nehmen wir hier das Beispiel eines Pils mit 35 IBU (Grad der Bitterkeit des Bieres, s. S. 73) mit Perle-Hopfen (6,9 % Alphasäuregehalt) als Bitterhopfen (der das Bier während des 60-minütigen Kochvorganges bitter macht) und Saaz (2 % Alphasäuregehalt) als Aromahopfen (der seine Wirkung während 20 Minuten des Kochvorganges entfaltet). Rechnen wir mit einer Menge von 20 l Bier. Dafür geht man wie folgt vor:

MH = Hopfenmenge (in g) • AG = Alphasäuregehalt (in %)
E = Extraktionsgrad (in %) • V = Volumen der Maische (in l) •
Bh = Bitterhopfen (in %) • Ah = Aromahopfen (in %)

Extraktionsgrad der Alphasäuren je nach Kochzeit

Kochzeit	60 min	50 min	40 min	30 min	20 min	10 min
Extraktionsgrad	30 % oder 0,3	28 % oder 0,28	23 % oder 0,23	15 % oder 0,15	10 % oder 0,1	6 % oder 0,06

Formel:

$$MH \text{ Bitterhopfen} = Bh \times \frac{IBU \times V}{\alpha \times E \times 1000}$$

$$MH \text{ Aromahopfen} = AH \times \frac{IBU \times V}{\alpha \times E \times 1000}$$

$$MH \text{ Bitterhopfen} = 0{,}7 \times \frac{35 \times 20}{0{,}069 \times 0{,}3 \times 1000} = 23{,}7 \text{ g}$$

$$MH \text{ Aromahopfen} = 0{,}3 \times \frac{35 \times 20}{0{,}02 \times 0{,}1 \times 1000} = 105 \text{ g}$$

Sie brauchen also 23,7 g (gerundet auf 24 g) Perle-Hopfen und 105 g Saaz-Hopfen. Wenn Sie eine Kalthopfung durchführen, hat dies keine Auswirkungen auf die Bitterkeit des Bieres, sondern nur auf das Aroma.

SOFTWARE ZUR UNTERSTÜTZUNG BEIM BIERBRAUEN

Bei diesen Programmen handelt es sich allen voran um Datenbankverwaltungsprogramme: Sie stellen auf einem informatischen Gerät eine Liste aller verwendeten Zutaten zusammen: Malze, Hopfen, Hefen etc. So kann man alle Details über seine unternommenen Brauungen aufzeichnen: Rezepte, Datum, an dem gebraut wurde, Kontrolle der Gärung, Vorräte an Rohmaterialien. Diese Programme sind für handwerkliche Brauereien praktisch unverzichtbar und können auch für Hobbybrauer von großem Interesse sein. Diese Programme besitzen überaus praktische Funktionen: Dichteberechnung, Berechnung des Zuckers zur Süßung, der Bitterkeit, Umrechnung der Einheiten (besonders bedeutsam für angloamerikanische Einheiten), Umrechnung von Maßstäben (wenn das Rezept nicht dem von Ihnen genutzten Material entspricht).

Es gibt im Internet zahlreiche Programme. Wir empfehlen Ihnen insbesondere zwei:
- BeerSmith (www.beersmith.com): Dieses nutzen auch wir selbst. Es ist kostengünstig, benutzerfreundlich, erhältlich für Windows, Mac und Linux, es ist allerdings nicht auf Deutsch erhältlich, lässt also fast nichts zu wünschen übrig. Darüber hinaus verfügt es über eine große Anzahl an Hobbybrau-Rezepten.
- Brewtarget (www.brewtarget.org): Dieses ist für Windows, Mac und Linux erhältlich, ist ideal, um ein Gefühl für das Bierbrauen zu bekommen, und hat den Vorteil, dass es kostenlos ist.

ARÄOMETER UND ALKOHOLGEHALT

- - - - - - - - - - - - - - -

EIN UNVERZICHTBARES GERÄT FÜR GELUNGENE REZEPTE

- - - - - - - - - - - - - - - - - - - -

Das Aräometer ähnelt einem Angelköder aus Glas, ist sehr dünn, hat eine Skala und ist unten beschwert, damit es in Flüssigkeit vertikal bleibt. Dieses Instrument ist für das Bierbrauen unverzichtbar, da man damit den Zuckergehalt der Würze während des gesamten Brauvorganges ganz genau messen kann. Die Skala geht von 1000 bis 1100.

1000 ist die Referenzdichte von destilliertem Wasser bei der Temperatur, auf die das Aräometer kalibriert ist. Anders gesagt: Diese Zahl entspricht dem Gewicht (1000 g) von 1 l Wasser mit 20 °C. Enthält die Flüssigkeit aufgelöste Substanzen wie Zucker, wiegt 1 l davon unweigerlich mehr. Spricht man nun also von Würze mit einer Dichte von 1050, bedeutet das, dass sie 1050 g pro Liter wiegt.

In jedem Rezept finden Sie drei Zahlen, mit deren Hilfe Sie überprüfen können, ob Sie sich immer noch ans Rezept halten. Nehmen wir das SMASH 66 als Beispiel:

Dichte vor dem Kochen : 1,050 • Anfangsdichte : 1,055 • Enddichte : 1,013

- Die Dichte vor dem Kochen erlaubt es festzustellen, ob die Verzuckerung korrekt abgelaufen ist.
- Die Anfangsdichte erlaubt es, die Menge an Zucker zu messen, die vor der Gärung in der Würze enthalten ist, und zu überprüfen, ob so viel Zucker enthalten ist, wie das Rezept vorsieht.
- Die Enddichte wird nach der Gärung gemessen. Indem man sie mit der Anfangsdichte vergleicht, kann festgestellt werden, welche Menge von den Hefen verbraucht wurde, und somit kann der Alkoholgehalt berechnet werden.

Man berechnet den Alkoholgehalt folgendermaßen:

$$\text{Alkoholgehalt (\%)} = \frac{(\text{Anfangsdichte} - \text{Enddichte})}{7,5}$$

Beispiel: Ein Bier mit einer Anfangsdichte von 1,056 und einer Enddichte von 1,015 hat einen Alkoholgehalt von 5,4 Vol.-%.

Oft wird vergessen, dass der Zucker, der für die Nachgärung in der Flasche hinzugefügt wird, ebenfalls dazu führt, dass Alkohol entsteht. Bei einem normalen Zuckergehalt von 1 g/l können Sie dem oben errechneten Wert 0,4 Vol.-% Alkohol hinzufügen.

TIPPS ZUR RICHTIGEN VERWENDUNG DES ARÄOMETERS

Entnehmen Sie der Würze mit einer Schöpfkelle (diese muss desinfiziert sein, wenn Sie die Probe vor oder nach der Gärung entnehmen) eine Probe und füllen Sie eine Eprouvette bis zum Rand damit. Stellen Sie die Eprouvette auf einen Teller, warten Sie, bis die Würze 20 °C erreicht hat und platzieren Sie das Aräometer in der Würze (die überschüssige Flüssigkeit wird überlaufen). Blasen Sie auf die Wasserlinie, damit der Wasserspiegel ein optimales Niveau erreicht. Drehen Sie das Aräometer, um entstandene Bläschen aus der Flüssigkeit zu bekommen, und warten Sie, bis es sich in der Mitte der Flüssigkeit befindet.

Sobald sich das Aräometer stabilisiert hat, platzieren Sie sich so, dass Sie die Skala auf Augenhöhe haben, und lesen Sie den Wert ab, der sich direkt über der Wasserlinie befindet. Gießen Sie diese Würzeprobe keinesfalls zurück in die abgekühlte Würze, der die Gärung bevorsteht, oder bei der abschließenden Kontrolle, denn so verunreinigen Sie sie!
Wenn die Messung nicht bei 20 °C durchgeführt wird, führen Sie eine Korrekturrechnung durch (im Internet oder mithilfe eines Brauprogrammes), um den tatsächlichen Wert zu errechnen.
Passen Sie gut auf Ihr Aräometer auf, denn es geht schnell kaputt!

Tabelle zur Umrechnung der Dichte von Zucker in Alkohol

Relative Dichte	Zucker (in Gramm pro Liter Würze)	Maximaler Alkoholgehalt (in %) [2]
1,000	0	0
1,005	13	0,7
1,010	26	1,3
1,015	38	1,9
1,020	51	2,6
1,025	63	3,2
1,030	76	3,8
1,035	88	4,4
1,040	100	5
1,045	112	5,6
1,050	124	6,2
1,055	136	6,8
1,060	147	7,3
1,065	159	7,9
1,070	171	8,5
1,075	182	9,1
1,080	193	9,6
1,085	205	10,4
1,090	216	10,8
1,095	227	11,3
1,100	238	11,9

[2] theoretischer Maximalwert, beim Brauen schwer zu erreichen.

Von den einfachsten ...

Sie haben alles aufmerksam durchgelesen und sind nun bereit, sich selbst an die Herstellung guter selbstgemachter Biere zu machen? Wir beginnen mit fünf ganz einfachen Rezepten, die Ihnen den Einstieg ins Brauen zu Hause ohne zu viel Kopfzerbrechen ermöglichen. Wenige Zutaten, die einfach zu bekommen und günstig sind; das Brauen findet bei einer mittleren Temperaturrast von 66 °C statt, was ausgeglichene Biere ergibt. Außerdem können Sie die Rezepte anpassen, indem Sie aromatische Zutaten wie rote Früchte hinzufügen.

... zu den aufwändigeren

Dann wird es auch Zeit, sich den ernsten Dingen zu stellen! Keine Angst, diese Rezepte ergeben sich logisch aus den vorhergehenden. Wir verwenden dafür nur mehr Malz- und Hopfensorten, um Biere mit ausgefalleneren Stilen zu kreieren. Wir probieren auch ober- und untergärige Hefen aus sowie verschiedene Temperaturrasten, um eine breitere Palette an „Körpern" zu haben (trockenere oder sehr runde Biere). Sie werden Ihre Bierkarte erweitern ... allerdings werden Sie auch die Größe Ihres Kellers erweitern müssen! Bei den letzten Rezepten für unerschrockene Bierliebhaber haben wir unserer Kreativität freien Lauf gelassen: mehrere Gärrasten, eine schön breite Auswahl an Hopfen, Flüssighefe und ein Weihnachtsbier. Um das Ganze gelungen abzuschließen, bieten wir Ihnen professionelle Rezepte aus der Brauerei Ouche Nanon!

DAS GRUND-REZEPT

Zur Herstellung Ihres Bieres sollten Sie sich auf dieses grundlegende Rezept und gleichzeitig auf die Rezepte stützen, die wir Ihnen danach vorstellen (Zutaten, Dichte, IBU, EBC, Alkoholgehalt, Verzuckerungstemperatur). Damit Sie sich gut organisieren können: Bereiten Sie Ihre Zutaten vor, wiegen Sie sie ab, stellen Sie allfällige Berechnungen an, um die je nach Alphasäuregehalt richtige Menge an Hopfen parat zu haben (s. S. 110), stellen Sie sicher, dass Ihre Utensilien sauber sind, reinigen Sie Ihre Arbeitsumgebung gründlich und drehen Sie Ihre Lieblingsmusik auf.
Jetzt kann es losgehen!

Einmaischen/Verzuckerung

Gießen Sie 20 l Brauwasser in den Braukessel. Erhitzen Sie es auf 50 °C, fügen Sie das Malz hinzu und rühren Sie um, damit die Maische gleichmäßig wird. Rühren Sie kontinuierlich um, um zu verhindern, dass die Körner am Boden kleben bleiben. Erhitzen Sie die Maische rasch, so lange, bis die Rast von 66 °C erreicht ist. Decken Sie das Gefäß zu. Halten Sie exakt diese Temperatur eine Stunde lang, ohne sie zu überschreiten. Stellen Sie dazu die Wärmequelle entsprechend ein und rühren Sie regelmäßig um.

Zerstörung der Enzyme

Erhöhen Sie die Temperatur nach exakt einer Stunde, sodass diese schnell auf 75 °C steigt. Halten Sie diese Temperatur 15 Minuten lang.

Läutern des Trebers

Erhitzen Sie 10 l Wasser im Reservetopf auf 74 °C; dieser dient dazu, den Treber zu läutern. Platzieren Sie das Kochgefäß auf der (abgeschalteten) Gasquelle und platzieren Sie das große Sieb darauf. Gießen Sie die Maische mithilfe eines Topfes durch das Sieb, damit Sie über dem Kochgefäß abtropft. Warten Sie, bis die Würze durch die so entstandene Treberschicht von alleine gefiltert wird.

Ausschwemmen

Sobald keine Flüssigkeit mehr aus dem Sieb tropft und das Treberbett trocken scheint, beginnen Sie mit dem Ausschwemmen. Gießen Sie die 10 l Wasser, die Sie zuvor erhitzt haben, langsam über den Treber. Das, was Sie so herausspülen können, sollte ein Volumen von etwa 23 l haben. Wenn Sie die 23 l bereits erreicht haben, aber noch Wasser übrigbleibt, verwenden Sie dieses nicht, da Sie ansonsten riskieren, Ihr Bier zu verwässern.

Kochen

Entfernen Sie das Sieb und geben Sie den Bitterhopfen in das Kochgefäß. Erhitzen Sie die Würze so lange, bis sie wallend kocht und lassen Sie sie so 40 Minuten lang ohne Deckel kochen.
Reinigen und desinfizieren Sie währenddessen das Gärgefäß, den Gärverschluss, das Thermometer, das Aräometer, den Kochtopf, das Hefegefäß (s. S. 80) etc.
Fügen Sie nach 40 Minuten Kochdauer den Aromahopfen hinzu. Drehen Sie die Hitze ab, schaffen Sie sogleich einen Whirlpool (s. S. 103) und decken Sie das Gefäß 20 Minuten lang zu.

Abkühlen

Waschen Sie sich die Hände. Die hygienischen Verhältnisse müssen einwandfrei und die Utensilien sauber und desinfiziert sein. Wirbeln Sie rund um sich nicht zu viel Luft auf!
Gießen Sie die heiße Würze mithilfe eines Trichters und eines Kochtopfes (oder eines

anderen Hilfsmittels) in das Gärgefäß und verschließen Sie dieses. Kühlen Sie die Würze so schnell wie möglich auf 25 °C ab, indem Sie sie in ein kaltes Wasserbad stellen (oder wenden Sie eine andere Methode an, s. S. 39). Kontrollieren und notieren Sie die Anfangsdichte der Würze.

Beigabe der Hefe

Sobald die Würze 25 °C erreicht hat, führen Sie der Hefe Wasser zu, wie vom Hersteller angegeben, und halten Sie dabei stets strenge Hygienebedingungen ein. Öffnen Sie vorsichtig den Verschluss des Gärgefäßes und gießen Sie die Hefe hinein. Verschließen Sie es wieder, bringen Sie den Gärverschluss an und rühren Sie kräftig um, damit Sie alles gut vermischen und damit der Würze Sauerstoff zukommt.

Hauptgärung

Halten Sie das Gärgefäß auf einer Temperatur von ungefähr 22 °C. Nach 12 bis 24 Stunden beginnt die Gärung und der Gärverschluss wird CO_2 entweichen lassen. Lassen Sie die Mischung drei bis fünf Tage lang gären, ohne das Gefäß zu öffnen. Nach fünf Tagen sollte der Gärverschluss normalerweise aufgehört haben zu „glucksen". Die Hauptgärung ist dann beendet.

Waschen Sie sich die Hände. Öffnen Sie den Verschluss des Gärgefäßes vorsichtig. Entnehmen Sie mit sauberen und desinfizierten Umfüllmaterialien eine Würzeprobe und überprüfen Sie die Enddichte. Entspricht die Dichte nicht jener, die im Rezept vorgesehen ist, ist die Gärung vielleicht noch nicht abgeschlossen. Lassen Sie also noch ein paar Stunden unter unveränderten Bedingungen vergehen.

Nachgärung oder Lagerung

Bringen Sie alles in eine kühle Umgebung (am besten zwischen 0 und 5 °C), wo es mindestens zehn Tage lang gelagert wird.

Zugabe des Zuckers und Abfüllung in Flaschen

Waschen Sie sich die Hände. Die hygienischen Verhältnisse müssen einwandfrei und die Utensilien gereinigt und desinfiziert sein. Wirbeln Sie rund um sich nicht zu viel Luft auf! Gießen Sie das Bier in ein Gefäß, ohne den Trub aufzuwirbeln, der sich am Boden des Gärgefäßes angesammelt hat.

Messen Sie das Volumen des so gewonnenen Bieres genau (s. S. 110) und legen Sie die Menge an Zucker fest, die Sie benötigen. Mischen Sie dann in einem Topf den Zucker mit Wasser und bringen Sie das Gemisch zum Kochen. Gießen Sie diesen Sirup, solange er noch heiß ist, in das Bier und rühren Sie mit einer sauberen und desinfizierten Spatel um.
Gehen Sie sofort dazu über, das Bier in Flaschen abzufüllen (s. S. 96). Lagern Sie Ihre Flaschen bei einer Temperatur von 15 bis 25 °C, damit die Nachgärung erfolgen kann. Selbst wenn Ihr Bier bereits nach einigen Tagen „Blasen wirft", ist es erst nach drei Wochen richtig gereift.

SMASH

66

5,5 Vol.-%

Das SMASH ist nicht so sehr eine Biersorte als vielmehr die einfachste Brauart der Welt: *Single Malt and Single Hop.* Anders gesagt: eine einzige Malzsorte und eine einzige Hopfensorte. Wir haben es Ihnen ja versprochen, bei den ersten Rezepten gibt es keine Komplikationen! Das Ergebnis ist mehr als anständig: ein schönes Goldblondes, das von der anderen Seite des Ärmelkanals inspiriert wurde und aus hellem Malz, Fuggle-Hopfen mit krautigen, holzigen und würzigen Noten sowie einer englischen Alehefe besteht. Das SMASH erreicht 5,5 Vol.-% Alkohol. Berechnen Sie gleich eine zweite Braurunde an SMASH ein, denn bei schönem Wetter ist eine Flasche schneller leer getrunken, als Sie die nächste öffnen können!

BESCHREIBUNG

- Dichte vor dem Kochen: 1,046
- Anfangsdichte: 1,050
- Enddichte: 1,013
- Bitterkeit: ungefähr 28 IBU
- Farbe : 8 EBC
- Geschätzter Alkoholgehalt: 5,5 Vol.-%

Verzuckerung mit einer einzigen Verzuckerungsrast bei 66 °C

ZUTATEN
FÜR 20 LITER BIER

Wasser 30 Liter

Malz 6 kg helles Malz

Hopfen 30 g Fuggle (5,7 %) als Bitterhopfen
20 g Fuggle (5,7 %) als Aromahopfen

Hefe 1 Päckchen Safale S-04 (Fermentis)

Sirup 1 l Wasser + 8 g heller Rohrzucker
x Anzahl der Liter Würze

- -

Beim Brauen die Anweisungen des Grundrezeptes auf S. 120 befolgen.

SMASH, eine Stilübung für Anfänger

SMASH (Single Malt and Single Hop, auf Deutsch „ein Malz und ein Hopfen") ist weniger ein Stil als vielmehr eine Stilübung, die dazu zwingt, nicht mehr als zwei Zutaten zu verwenden! Das verwendete Malz muss also unbedingt ein Basismalz sein, damit die Stärke richtig umgewandelt wird. Also kein Karamellmalz und kein geröstetes Malz. Beim Hopfen gibt es weder betreffend Sorten noch betreffend verwendeter Menge Einschränkungen. SMASH-Biere sind einfache Biere ohne komplexes Aroma, intensive Farbe oder Röstgeschmack, können jedoch sehr abwechslungsreich sein. Eine kleine Dosis Pilsner Malz und eine mittlere Dosis Bitterhopfen ergeben ein leichtes helles Bier, während eine ordentliche Dosis Münchner Malz und eine große Dosis Aromahopfen ein starkes und sehr hopfenbetontes Rotbier ergeben!
In der Praxis ist SMASH sehr interessant, wenn es darum geht, Brauerfahrung zu sammeln. Nehmen Sie zum Beispiel ein Rezept und ersetzen Sie 100 % Pilsner Malz durch 100 % Münchner Malz, ohne an den anderen Zutaten etwas zu ändern: Sie werden den Unterschied zwischen diesen zwei Malzen deutlich bemerken. Oder nehmen Sie 100 % helles Malz und testen Sie verschiedene Hopfensorten, um zu sehen, was die einzelnen Sorten dem Bier jeweils bringen. Um eine Parallele zum Wein zu ziehen, es ist immer sehr lehrreich, einen 100%igen Sauvignon und einen 100%igen Chardonnay zu verkosten, bevor man zum Mischen übergeht. Dasselbe gilt für Hopfen. Brauen Sie ein SMASH mit 100 % Fuggle-Hopfen und ein anderes mit 100 % Citra-Hopfen. Das wird Ihr Gaumen nie vergessen! Man kann natürlich auch mit den Hefestämmen oder den Gärtemperaturen spielen. Brauanfänger geraten oft in Versuchung, verschiedene Hopfen- und Malzsorten in einem einzigen Rezept auszuprobieren, in dem Glauben, so ein außergewöhnliches Bier zu kreieren. Das ist jedoch selten der Fall und hilft nicht wirklich dabei zu lernen! Ein einziger Leitsatz: Einfache Dinge versuchen, denn dies macht deutlich, woher die Unterschiede kommen.

Blonde 66

4,8 Vol.-%

Stellen Sie sich vor, jemand aus Ihrer Familie hei-ratet. Stellen Sie sich vor, Sie brauen gern und Sie sagen sich: „Ach, ich braue etwas für die Hochzeit und schinde bei allen Gästen Eindruck!" Das hat Matthieu für seine Schwester Amanda gemacht. War das ein schönes Geschenk! Vergänglich, aber unvergesslich, da alle Biere drankamen. Das Pilsner Malz, „geboostet" mit etwas Cara Ruby, hat ein helles, malzbetontes Bier ergeben, wel-ches noch durch fruchtige Noten und Zitrusno-ten der Hopfensorten Brewer's Gold und Target verfeinert wurde. Perfekt, um seinen Durst zu stil-len, nachdem man die Tanzfläche buchstäblich in Brand gesetzt hat!

BESCHREIBUNG

- **Dichte vor dem Kochen:** 1,040
- **Anfangsdichte:** 1,048
- **Enddichte:** 1,011
- **Bitterkeit:** ungefähr 20 IBU
- **Farbe:** 15 EBC
- **Geschätzter Alkoholgehalt:** 4,8 Vol.-%

Verzuckerung mit einer einzigen Verzuckerungsrast bei 66 °C

ZUTATEN
FÜR 20 LITER BIER

Wasser 30 Liter

Malz 4 kg Pilsner Malz, 500 g Malz Cara Ruby 50 EBC

Hopfen 10 g Target (10,9 %) als Bitterhopfen,
15 g Brewer's Gold (5,9 %) als Aromahopfen

Hefe 1 Päckchen Safbrew S-33 (Fermentis)

Sirup 1 l Wasser + 8 g heller Rohrzucker x
Anzahl der Liter Würze

- -

Beim Brauen die Anweisungen des Grundrezeptes auf S. 120 befolgen.

Wie wandelt man dieses Rezept mit Früchten ab?

Verwenden Sie vorzugsweise frisches Obst: Erdbeeren (Mara des Bois), Burlat-Kirschen, Weinbergpfirsiche, Himbeeren, Schwarze Johannisbeeren, Wald-heidelbeeren (gegebenenfalls tiefgefroren). Bei kleiner Flamme mit etwas Wasser in einem großen Topf zugedeckt etwa zehn Minuten köcheln lassen. Gießen Sie dieses Kompott am Ende des Kochvorganges ungefiltert in die Würze, nachdem Sie die Flamme abgedreht haben. Berechnen Sie etwa 100 g Früchte pro Liter fertigem Bier ein.

Sie können dieses Kompott im Voraus vorbereiten (maximal zwei Tage im Voraus), unter der Bedingung, dass Sie es in einem komplett sauberen Gefäß im Kühlschrank aufbewahren. Gießen Sie es später in die Würze, immer nach dem Kochvorgang.

Es wird davon abgeraten, es nach der Abkühlungsphase in die Würze zu gießen, da es, obwohl es gekocht wurde, die Würze verunreinigen könnte, die in diesem Stadium höchst anfällig für Bakterien und wilde Hefe ist.

Bei diesen aromatisierten Bieren muss selbstverständlich eine gründliche Klärung vorgenommen werden (s. S. 108).

Durch das Hinzufügen der Früchte erhöht sich natürlich der Zuckergehalt der Würze und in weiterer Folge auch ihre Dichte. Ein Teil der Zucker wird in Alkohol umgewandelt, und der andere Teil verbleibt im Bier. Obwohl es sehr schwierig ist, den Zuckergehalt exakt zu messen, kann man annehmen, dass das Bier zwischen 0,5 und 1,5 Vol.-% Alkohol mehr erreichen wird, je nach verwendeten Fruchtsorten.

4,5 Vol.-%

BLANCHE 66

Weißbiere sind durch die Verwendung von Weizen gekennzeichnet, egal ob dieser gemälzt ist oder nicht. Gerstenmalz, hier Pilsner Malz, ergänzt das Rezept im Allgemeinen. Die Kombination dieser beiden Getreidesorten sorgt für die charakteristische blassgelbe Farbe der Weißbiere. Die andere entscheidende Zutat: Die Hefe, die für diesen Bierstil verwendet wird, sorgt für die natürlich trübe Farbe. In diesem Rezept haben wir außerdem genau das Richtige hinzugefügt, Cascade-Hopfen, mit Zitronen- und harzigem Aroma, um die fruchtigen Aromen dieser Hefe hervorzuheben. Abschließend fügen wir beim Abfüllen in die Flaschen etwas Koriander hinzu, der den typischen Geschmack der belgischen Witbiere nach Zitrusfrüchten unterstreicht. Verkosten Sie das Blanche 66 sehr kalt im Schatten eines Sonnenschirms und genießen Sie!!

BESCHREIBUNG

- Dichte vor dem Kochen: 1,042
- Anfangsdichte: 1,045
- Enddichte: 1,011
- Bitterkeit: ungefähr 20 IBU
- Farbe: 6 EBC
- Geschätzter Alkoholgehalt: 4,5 Vol.-%

Verzuckerung mit einer einzigen Verzuckerungsrast bei 66 °C

ZUTATEN
FÜR 20 LITER BIER

Wasser 30 Liter

Malz 2,2 kg Weizenmalz, 2 kg Pilsner Malz

Hopfen 15 g Cascade (8,5 %) als Bitterhopfen,
10 g Cascade (8,5 %) als Aromahopfen

Hefe 1 Päckchen Bavarian Wheat M20 (Mangrove Jack's)

Sirup 1 l Wasser und 1 l Wasser + 8,5 g heller Rohrzucker

x Anzahl der Liter Würze, 10 g grob zerkleinerte Koriandersamen

---

Beim Brauen die Anweisungen des Grundrezeptes auf S. 120 befolgen, aber Achtung:
- Rechnen Sie nur zehn Minuten Kochzeit für den Aromahopfen ein.
- Bei der Etappe der Beigabe des Zuckers gehen Sie folgendermaßen vor: Vermischen Sie Zucker, Wasser und Koriander in einem Topf und kochen Sie alles zwei Minuten lang. Decken Sie es zu und lassen Sie die Mischung zwei Minuten lang ziehen. Filtern Sie sie mit einem feinen Sieb und spülen Sie das Ganze mit 250 ml kochendem Wasser ab, um den Rest an Zucker rund um die Körner und am Boden des Siebs herauszulösen.

Für intensiveren Koriandergeschmack verwenden Sie dieselbe Menge in Form von frischen Blättern. Koriander ist ein Gewürz, das oft in professionellen oder handwerklichen Brauereien verwendet wird. Sein Geschmack ähnelt jenem von Petersilie (die beiden Pflanzen gehören zur selben Familie), und bringt einen Hauch von Zitronenfrische, der charakteristisch für Weißbiere und helle belgische Biere wie Hoegaarden oder La Chouffe ist.

AMBRÉE
66
5,7 Vol.-%

Lassen Sie uns die 66er-Serie fortsetzen, deren Vertreter Ambrée besonders erfolgreich ist. Ein Bier, das „voll abgeht", mit Karamellgeschmack, leichter, aber spürbarer Hopfennote und seiner schönen Schaumkrone, die dem Verkoster einen Schnurrbart verleiht. Dieses Bier wird jenen gefallen, die dabei sind, bernsteinfarbene Biere zu entdecken, da es, trotz so weniger Zutaten, einen Charakter hat. Wem ist das zu verdanken? Dem Caramunich-Malz, das ihm eine Farbe verleiht, die dunkel genug ist, um die Blicke auf sich zu ziehen, und das aromatische Karamellnoten enthält, die sehr lieblich sind! Was den East-Kent-Goldings-Hopfen angeht, dieser „boostet" das Ganze dank seinen erdigen, holzigen und an Zitrusschalen erinnernden Aromen noch mit Bravour.

BESCHREIBUNG

- Dichte vor dem Kochen: 1,050
- Anfangsdichte: 1,054
- Enddichte: 1,011
- Bitterkeit: ungefähr 23 IBU
- Farbe: 32 EBC
- Geschätzter Alkoholgehalt: 5,7 Vol.-%

Verzuckerung mit einer einzigen Verzuckerungsrast bei 66 °C

ZUTATEN
FÜR 20 LITER BIER

Wasser 30 Liter

Malz(e) 4 kg Pilsner Malz, 1,5 kg Caramunich-Malz 110 EBC

Hopfen 20 g East Kent Goldings (6,2 %) als Bitterhopfen,
20 g East Kent Goldings (6,2 %) als Aromahopfen

Hefe 1 Päckchen Safale US-05 (Fermentis)

Sirup 1 l Wasser + 7 g Farinzucker
x Anzahl der Liter Würze

- -

Beim Brauen die Anweisungen des Grundrezeptes auf S. 120 befolgen.

Bernsteinfarbene Biere

Diese Biere sind gutmütig! Die Verwendung von karamellisiertem Malz verleiht ihnen diese typische Farbe und den reichhaltigen, intensiven Geschmack nach süßem Kara-mell, Keksen und Haselnuss. Im Allgemeinen sind diese Biere ausgeglichen und ver-binden Süße mit Bitterkeit. Man findet sie bei vielen Bierstilen, wie bei den englischen *Pale Ales* oder *Amber Ales,* bei den belgischen Bieren, bei den deutschen Dunklen, bei den IPA, den Bières de garde, den Saison-Bieren und sogar bei bestimmten Lager-bieren. Heute ist erneut steigendes Interesse der Öffentlichkeit an bernsteinfarbenen Bieren bemerkbar. Dies ist wahrscheinlich den belgischen Mainstream-Marken wie Grimbergen oder den unangefochtenen Spitzenreitern wie Kwak, Orval, Kilkenny oder Jenlain, aber offensichtlich auch den handwerklichen Mikrobrauereien zu verdanken, die sich zu regelrechten lokalen Institutionen entwickelt haben. Bei Musikfestivals oder Dorffesten fand man vor zehn Jahren ausschließlich helle Biere. Heute bietet man am Zapfhahn auch bernsteinfarbene Biere an, die, obwohl sie am Anfang eher mit Miss-mut empfangen wurden, nunmehr ein voller Erfolg sind. In der Brauerei Ouche Nanon ist es ein standardmäßig angebotenes Bier, das besonders viel Gefallen findet und als spezielles Geschenk haben wir auf S. 202 das Rezept für Sie!

Porter

66

6
Vol.-
%

mit Heidelbeere

Unsere Expedition in die Temperaturrast bei 66 °C beenden wir in England mit einem Bier, das vom Porter inspiriert wurde. Dieser Stil wurde Anfang des 18. Jahrhunderts erfunden und hat sich als Leibgetränk von Austrägern (von Waren) durchgesetzt, die es in den Pubs der Londoner Docks tranken. Das Rezept ist gekennzeichnet durch die Verwendung eines stark gerösteten Malzes wie Schokoladenmalz, das es möglich macht, eine sehr dunkle Farbe zu entwickeln, die für Porter-Biere typisch ist, sowie durch die Edelhopfen East Kent Goldings und Fuggle und durch eine typisch englische Hefe. Linda wollte dem Ganzen etwas Frische verleihen und schlug vor, das Bier mit Heidelbeere zu aromatisieren. *Well done*! Das Ergebnis war ein intensiv purpurfarbenes, aromatisches, erfrischendes und vor allem köstliches Bier ...

BESCHREIBUNG

- **Dichte vor dem Kochen:** 1,046
- **Anfangsdichte:** 1,049
- **Enddichte:** 1,018
- **Bitterkeit:** ungefähr 23 IBU
- **Farbe:** 52 EBC
- **Geschätzter Alkoholgehalt:** 6 Vol.-% (mit den Heidelbeeren)

Verzuckerung mit einer einzigen Verzuckerungsrast bei 66 °C

ZUTATEN
FÜR 20 LITER BIER

Wasser 30 Liter

Malz 5 kg helles Malz, 300 g Schokoladenmalz

Hopfen 30 g East Kent Goldings (6,2 %) als Bitterhopfen,
15 g Fuggle (5,7 %) als Aromahopfen

Sonstiges 2 kg Waldheidelbeeren

Hefe 1 Päckchen Windsor (Lallemand)

Sirup 1 l Wasser + 7 g Farinzucker

x Anzahl der Liter Würze

Beim Brauen die Anweisungen des Grundrezeptes auf S. 120 befolgen, aber Achtung, vergessen Sie nicht, das Heidelbeerkompott direkt nach dem Kochen hinzuzufügen. Wollen Sie dieses Bier ohne Früchte machen, ist das selbstverständlich möglich. Das Ergebnis ist dann ein Porter mit geringem Alkoholgehalt, das dank dem Anteil an Schokoladenmalz auch leicht im Geschmack ist. Letzteres kann man durch Carafa-Malz ersetzen, wenn man eine intensiver malzbetonte Bitterkeit erreichen möchte.

Porter oder Stout?

Diese Frage ist immer wieder Streitgegenstand. Wenn Sie den Beweis wollen, trinken Sie ein paar Guinness, Hercule oder O'Hara's Irish Stout mit zwei Zythologen (oder einem Engländer und einem Iren, das funktioniert genauso) und fragen Sie sie nach dem Unterschied zwischen diesen beiden Bieren. Das ist der Anstoß, möge das Match beginnen! Was jedenfalls feststeht, ist, dass jenseits des Ärmelkanals eine Brauerei verschiedene *Porters* herstellen konnte und dass *stout* ein Adjektiv war, das oft für das stärkste und alkoholhaltigste Porter verwendet wurde (etymologisch gesehen bedeutet *stout* „mutig"). Im *General Dictionary of Commerce, Trade and Manufactures* (1810) heißt es in der Tat, dass „man Porter-Biere in zwei Kategorien einteilen kann: dunkle Stouts und Porters im engeren Sinn [...]. Stouts sind einfach nur eine Sorte Porter, die vollmundiger sind als jene, die man normalerweise servierte". 1817 kam es zu einer kleinen Revolution im Braubereich: Man erfand die Technik des Malzröstens. Die Guinness-Brauerei verwendete fortan ausschließlich Pale-Malze, ergänzt von einer kleinen Menge gerösteter Malze, die dem Bier Farbe und Röst-, Kakao-, Kaffee- oder Lakritzaromen verliehen. Heute werden diese Biere wieder mehr und mehr „in", vor allem bei der weiblichen Kundschaft.

Verkostungsnotiz für das Porter 66

In einem Pint-Glas oder einer Flöte, mit 7 bis 12 °C.
Bekommt man es serviert, ist man überrascht von der dunklen, portweinroten Farbe und vom Schaum, der rosarot ist. In der Nase nimmt man ein intensives Aroma von roten Früchten wahr, das durch eine pflanzliche Frische gekennzeichnet ist. Im Mund ist ein Heidelbeeraroma deutlich wahrnehmbar, das von einem Hauch erfrischender Säure begleitet wird. Danach entfalten sich malzig-schokoladige sowie Röstaromen gepaart mit einem relativ langanhaltenden Heidelbeeraroma.
Dieses Bier ist überraschend, mit Aromen, die sich aufteilen in Röst- und Fruchtaroma, und weist Ähnlichkeiten zum Kriek Lambic auf, ist aber deutlich weniger sauer. Am besten kommt es zur Geltung, wenn man es als „Faro" genießt, das bedeutet mit einem kleinen Spritzer Rohrzuckersirup, der beim Servieren des Bieres hinzugefügt wird. So passt es perfekt zu Cheesecake und Coulis aus roten Früchten.

Orange Mécamunich

5,2 Vol.-%

Wir beginnen wieder mit einem SMASH-Bier (Informationen s. S. 124), aber diesmal geht es nach Deutschland! Das verwendete Münchner Malz hat die Besonderheit, dass es bei bis zu 100 bis 105 °C geröstet wurde, was dem Bier eine tieforange Farbe verleiht. Der Hersbrucker-Hopfen ist für seinen fruchtigen, blumigen und würzigen Geschmack bekannt – immer ein Erfolgsgarant. Das Rezept wurde mit einer Lagerhefe und einer Alehefe gebraut, um zu sehen, wie diese mikroskopisch kleinen Pilze jeweils die Würze beeinflussen. Das Ergebnis: Das eine Bier ist süß, malzbetont und seidig und das andere verfügt über mehr Biss und mehr Frische. Wie viel Spaß es doch macht, sich mit Hefen zu vergnügen!

BESCHREIBUNG

- **Dichte vor dem Kochen:** 1,051
- **Anfangsdichte:** 1,055
- **Enddichte:** 1,016
- **Bitterkeit:** ungefähr 38 IBU
- **Farbe:** 20 EBC
- **Geschätzter Alkoholgehalt:** 5,2 Vol.-%

Verzuckerung mit einer einzigen Verzuckerungsrast bei 66 °C

ZUTATEN
FÜR 20 LITER BIER

Wasser 30 Liter

Malz 5 kg Münchner Malz

Hopfen 100 g Hersbrucker (2,2 %) als Bitterhopfen,
80 g Hersbrucker (2,2 %) als Aromahopfen

Hefe 1 Päckchen Safale S-04 (Fermentis) (obergärig) oder
1 Päckchen Saflager W-34/70 (Fermentis) (untergärig)

Sirup 1 l Wasser + 7,5 g heller Rohrzucker
x Anzahl der Liter Würze

- -

Beim Brauen die Anweisungen des Grundrezeptes auf S. 120 befolgen, aber Achtung, es gibt hier zwei Varianten mit jeweils einer anderen Hefe: eine obergärige und eine untergärige. Gehen Sie folgendermaßen vor:

Für die Hauptgärung sollten Sie den Braukessel auf folgender Temperatur halten:
– 18 bis 22 °C für drei bis fünf Tage für das Ale (obergärig);
– 11 bis 13 °C für drei Wochen für das Lager (untergärig).

Die Nachgärung sollte an einem kühlen Ort (idealerweise bei 0 bis 5 °C) stattfinden und dauert mindestens:
– zehn Tage beim Ale;
– 30 Tage beim Lagerbier. Die hier verwendete Saflager W-34/70 flockt stark, also kann man mit ihr sehr einfach ein klares Bier herstellen, indem man es während der Gärung in ein anderes sauberes Gefäß umfüllt.

Berechnen Sie eine Gärungszeit in der Flasche von mindestens:
– drei Wochen für das Ale;
– vier Wochen für das Lagerbier.

LA BOHÊME

4,8 Vol.-%

Um direkt weiterzumachen, präsentieren wir Ihnen hier ein untergäriges Bier, das vom Pils inspiriert ist, dem für die Länder des Ostens typischen Bier. Wir begeben uns nun in die Tschechische Republik, um das Bohemian Lager zu besuchen, ein Bier von heller Farbe, das klar, sprudelnd, ausgeglichen, erfrischend und krautig ist. Die lange Gärung (mehr als zwei Monate) lohnt es sich auch durchzuführen, da dieses Bier ideal für laue Sommerabende ist. Um die Chance so hoch wie möglich zu halten, haben wir versucht, uns so nahe wie möglich am Stil zu bewegen und Bohemian-Pilsner-Malz, einen Stamm der Bohemian-Lager-Hefe und tschechische Hopfensorten, wie den Edelhopfen Saaz, zu verwenden. Reinstes Böhmen, quasi!

BESCHREIBUNG

- Dichte vor dem Kochen: 1,042
- Anfangsdichte: 1,045
- Enddichte: 1,008
- Bitterkeit: ungefähr 35 IBU
- Farbe: 6 EBC
- Geschätzter Alkoholgehalt: 4,8 Vol.-%

Verzuckerung mit einer einzigen Verzuckerungsrast bei 64 °C

ZUTATEN
FÜR 20 LITER BIER

Wasser 30 Liter

Malz 4 kg Bohemian Pilsner Malz

Hopfen 20 g Perle (7,3 %) als Bitterhopfen,
20 g Strisselspalt (5 %) als Bitterhopfen und
20 g Saazer Hopfen (2,9 %) als Aromahopfen

Hefe 1 Päckchen Bohemian Lager M-84 (Mangrove Jack's)

Sirup 1 l Wasser + 8,5 g heller Rohrzucker
x Anzahl der Liter Würze

Beim Brauen die Anweisungen des Grundrezeptes auf S. 120 befolgen, aber Achtung:
- Brauen Sie bei 64 °C. Das ermöglicht die Erzeugung von mehr Einfachzucker und damit mehr Alkohol. Das ergibt ein Bier mit trockenem Abgang, das wenig süß ist.
- Da es sich um ein untergäriges Bier handelt, ist die Gärdauer anders als bei obergärigen Bieren. So sollten Sie das Gärgefäß für die Hauptgärung drei Wochen lang auf einer Temperatur von 11 bis 14 °C halten. Die Nachgärung sollte in kalter Umgebung stattfinden (idealerweise zwischen 0 und 5 °C) und mindestens 30 Tage dauern.
- Zögern Sie beim Umfüllen in Flaschen nicht, die Hefeschicht (oder gar etwas Würze) im Gärkessel zu lassen, denn so erhalten Sie ein erstaunlich klares Bier!
- Rechnen Sie mit einer Dauer der Reifung in der Flasche von mindestens vier Wochen.

GERSTE, DAS BLONDE GOLD DES BIERES

- - - - - - - - - - - - - -

Aus dieser Getreidesorte wird das in der Brauindustrie am häufigsten verwendete Malz hergestellt. Der Anbau von Gerste ist einfach und sie keimt sehr schnell. Sie enthält viele Enzyme und weist ein sehr ausgeglichenes Kohlenhydrat-Stickstoff-Verhältnis auf, wodurch in der Würze genügend Zucker und genügend Aminosäuren (Eiweiße) vorkommen, die für den Stoffwechsel der Hefen unverzichtbar sind.

EINE SEHR FRANZÖSISCHE SPEZIALITÄT

- -

Wenn Sie auf dem Land wohnen, wissen Sie wahrscheinlich, wie Gerste aussieht. Es ist eine Getreidesorte, deren Unterscheidungsmerkmal es ist, dass ihre Ähren über lange Härchen verfügen, die sie aussehen lassen wie kleine Besen mit schmalen blonden Borsten. Wenn der Wind über die Gerstenfelder fegt, entsteht dort eine hypnotisierende, wiegende und raschelnde Wellenbewegung. Das ist ein einzigartiges Schauspiel, das man nicht oft genug gesehen haben kann!
Gerste zählt zu den ältesten angebauten Getreidesorten. Über ihren Anbau im Fruchtbaren Halbmond wurde bereits vor fast 15.000 Jahren berichtet. Überreste von Gerste, die über 5.000 Jahre alt sind, wurden außerdem bei Ausgrabungen in Ägypten und China entdeckt. Heute wird diese Getreidesorte sowohl für Tiere (Futtergerste) als auch für Brauereien und Brennereien (Braugerste) hergestellt. Auf der Welt gibt es mehrere hundert Sorten Braumalz, die jeweils an die örtlichen Bedingungen angepasst sind. In Frankreich werden 20 % des weltweiten Gerstenanbaus betrieben! Das Land ist außerdem der zweitgrößte Exporteur dieses Getreides weltweit, mit dem man Bier herstellen kann. Seine Qualität hängt vom Anbaugebiet, dem Ernteertrag des jeweiligen Jahres (Regen, Trockenheit …) und der Sorte (Frühjahrssorte oder Wintersorte, die speziell in Frankreich vorkommt) ab.

WARUM GERSTE FÜR DAS BIER VERWENDEN?

– Der Anbau ist einfach und weit verbreitet: Sie wächst unter verschiedensten klimatischen Bedingungen.
– Sie liefert gute Ernteerträge und ist resistent gegen schimmelbedingte Erkrankungen.
– Ihre feste Schale sorgt für lange Haltbarkeit der Samen; sobald sie zermahlen ist, bildet sie einen wirksamen Filter für die Maische.
– Sie keimt rasch.
– Ihre enzymatische (oder diastatische) Kraft, die mit dem Keimen entsteht, erlaubt es, viele Amylasen, Proteinasen und Glucanasen zu gewinnen, die für eine süße Bierwürze unverzichtbar sind.
– Sie bietet dank den unterschiedlichen Darrverfahren eine breite Geschmacks- und Farbpalette.
– Die Malzerträge sind hoch.

WINTERGERSTE

Der Anbau von Wintergerste gestaltet sich bei weniger feuchten Wintern und trockeneren Frühjahren einfacher. Sie nimmt sich vor der kalten Periode Zeit, sich fest im Boden zu verwurzeln, und läuft dabei keine Gefahr, Überbewässerung zu erleiden. Dank ihrer Frühzeitigkeit entgeht diese Gerstensorte der Gefahr der Austrocknung (geringe Kornfüllung bedingt durch Trockenheit im Frühjahr oder zu Sommerbeginn). Sie überdauert selbst unwirtliche klimatische Bedingungen.

Sorten: Vanessa, Esterel, Passerel, Arturio, Azurel, Casino, Étincel …
Typ: zweizeilige oder „2zs" (steht so auf den Malzpackungen): Hier wachsen die Körner in zwei Reihen entlang der flachen Ähre; sechszeilige Gerste („6zw"): Hier sind die Körner kreisförmig rund um die zylindrische Ähre angeordnet (sechszeilige Wintergerste).
Anbau: Die Aussaat erfolgt im Oktober/November, der Samen ruht bis März, wächst dann und entwickelt sich vollständig im April/Mai. Während des gesamten Monats Juni bilden sich die Blüte und danach sehr schnell – binnen drei Wochen – die Körner. Warme, sonnige Tage zu Sommerbeginn beschleunigen ihre Reifung. Die Ernte kann ab Anfang Juli erfolgen.

SOMMERGERSTE

- - - - - - - - - - - -

Sommergerstensorten sind beim Aufkeimen relativ empfindlich gegen Frost und haben eine relativ kurze Wachstumsperiode. Die Verwendung dieses Getreides in großen Mengen in Mälzerei und Brauerei ist vor allem durch seinen niedrigen Eiweißgehalt bedingt, welcher ein unverzichtbares Kriterium für wenig trübe Biere darstellt.

Sorten: Beatrix, Sébastian, Bellini, Concerto, Prestige, Sunshine …
Typ: ausschließlich zweizeilig („2zs"): Die Körner wachsen in zwei Reihen entlang der Ähre.
Anbau: Diese Gerste wird zwischen Februar und April ausgesät und durchläuft denselben Prozess wie die Wintersorten, wird aber etwas später geerntet, und zwar gegen Mitte Juli.

Im Allgemeinen wird die zweizeilige Gerste der sechszeiligen vorgezogen. Der Mälzer bemerkt den leichten Unterschied im Keimverhalten zwischen Sommer- und Wintergerste, die beim Mälzen einen Tag mehr benötigt. Dem Bierbrauer zeigt sich ein leichter Unterschied bei der Extraktion der Zucker aus der Würze, die etwas besser mit zweizeiliger Wintergerste und zweizeiliger Sommergerste funktioniert als mit sechszeiliger Wintergerste.

Von Jahr zu Jahr haben Auswahl der Sorte, Wetter sowie Anbaumethoden Einfluss auf die Qualität der Malze.

Nötige Eigenschaften von Brauweizen

Konnten diese Prinzipien nicht eingehalten werden, weil das Klima oder die Anbaumethoden dies verhinderten, sind Unterschiede in der Qualität des Bieres spürbar:
– Maximaler Feuchtigkeitsgehalt von 14 % bei der Ernte
– Größensortierung: 90 % der Körner müssen größer als 2,5 mm sein
– Eiweißgehalt: zwischen 9 und 11,5 %
– 98 % der Körner müssen keimen
– Es darf maximal eine Verunreinigung von 0,5 % vorliegen und es dürfen keine Sonnenblumenkerne dabei sein.

English Pale Ale

6,8 Vol.-%

Das Pale Ale ist ein rotes Bier, das einen deutlich bitteren Geschmack aufweist, der jedoch
trotzdem für Menschen, die nicht an Bitterkeit
gewöhnt sind, angenehm ist. Dieser wird durch
Caramalz, welches ihm eine Milde verleiht, die
für englische Biere typisch ist, durch ungemälzte
Gerste, die ihm einen Körper verleiht, und durch
Kalthopfung (s. S. 60), die das Ganze aromatisiert, ausgeglichen. Wir dringen mit geringer Karbonisierung (kleine Bläschen) ein wenig in den
englischen Stil vor, was dazu führt, dass man das
Bier leicht bei Umgebungstemperatur eines Kellers, also etwa 14 °C, verkosten kann. Dieses EPA
gehört zu unseren größten Schätzen!

BESCHREIBUNG

- **Dichte vor dem Kochen:** 1,051
- **Anfangsdichte:** 1,055
- **Enddichte:** 1,016
- **Bitterkeit:** ungefähr 38 IBU
- **Farbe:** 20 EBC
- **Geschätzter Alkoholgehalt:** 6,8 Vol.-%

Verzuckerung mit einer einzigen Verzuckerungsrast bei 66 °C

ZUTATEN
FÜR 20 LITER BIER

Wasser 30 Liter

Malz 400 g rohe Gerstenflocken, 5 kg Pilsner Malz,
200 g Caramalz 120 EBC, 800 g Caramalz 50 EBC

Hopfen 35 g Target (10,9 %) als Bitterhopfen, 35 g Brewer's Gold
(5,9 %) als Aromahopfen, 45 g Opal (5,9 %) für die Kalthopfung

Hefe 1 Päckchen Safale S-33 (Fermentis)

Sirup 1 l Wasser + 7 g heller Rohrzucker
x Anzahl der Liter Würze

Beim Brauen die Anweisungen des Grundrezeptes auf S. 120 befolgen, aber Achtung:
- Kochen Sie die rohen Gerstenflocken, bevor Sie den Schritt des Einmaischens/ der Verzuckerung ausführen. Dies ist notwendig, damit die Stärke verfügbar wird.
- Vergessen Sie zu Beginn der Nachgärung nicht auf die Kalthopfung mit dem Opal-Hopfen.

Wie kocht man rohes Getreide (Flocken oder ganze Körner)?

Erhitzen Sie 5 l Wasser im Braukessel. Fügen Sie die Gerstenflocken hinzu. Kochen Sie sie 20 Minuten lang zugedeckt bei 80 °C und rühren Sie dabei regelmäßig um, um zu verhindern, dass die Flocken am Boden kleben bleiben. Sobald die Gerstenflocken gekocht sind, bilden sie eine etwas gelatineartige Masse. Gehen Sie anschließend zur Etappe der Verzuckerung über, indem Sie 15 l Wasser im Braugefäß erhitzen (anstelle der 20 l, die in den Rezepten angegeben werden, in denen kein rohes Getreide verwendet wird).

Wie führt man eine Kalthopfung (oder Dry-Hopping) durch?

Diese Methode besteht darin, zu Beginn der Nachgärung Hopfen in die Würze zu geben, um eine möglichst große Menge an Aromen freizusetzen. Rechnen Sie mit 1 bis 4 g Hopfen pro Liter Würze (bei einem IPA gibt es keine Obergrenze). Einfacher geht es, wenn Sie die Hopfenzapfen oder Pellets in einen Stoffsack geben (diesen erhalten Sie in Fachgeschäften), den Sie davor eine Minute lang auskochen, um Verunreinigungen vorzubeugen. Abgesehen davon minimiert der Alkohol, der sich in diesem Stadium bereits in der Würze befindet, wie wir im Kapitel zum Hopfen bereits angemerkt haben, dank seinen antiseptischen Eigenschaften das Risiko einer Verunreinigung. Wenn Sie bei der Zugabe des Zuckers die Würze in ein anderes Gefäß umfüllen, drücken Sie den Sack mit dem Hopfen mit einer desinfizierten Zange fest aus, um so viel aromatischen Saft wie möglich herauszupressen.

Frida
LA BRUNE

7,7 Vol.-%

Matthieus flämische Wurzeln haben unvermeidlich dazu geführt, dass er sich den Trappistenbieren aus seiner Jugend zuwendet. Er hat dieses Rezept basierend auf einer vagen Erinnerung an ein Bier kreiert, das er in den Schenken an der französisch-belgischen Grenze auf Radausflügen mit seinen Freunden Zyraï und Saucisson entdeckt hatte! Daraus entstand ein schönes braunes Bier, das relativ hell ist (manche würden seine Farbe als dunkle Bernsteinfarbe bezeichnen), mit Karamell- und Zichoriengeschmack, der durch Vollrohrzucker noch unterstrichen wird. Servieren Sie dieses Bier mit etwa 10 °C in einem großen Trappistenglas und stoßen Sie auf das Wohl der Mönche an!

BESCHREIBUNG

- Dichte vor dem Kochen: 1,070
- Anfangsdichte: 1,075
- Enddichte: 1,022
- Bitterkeit: ungefähr 38 IBU
- Farbe: 42 EBC
- Geschätzter Alkoholgehalt: 7,7 Vol.-%

Verzuckerung mit einer einzigen Verzuckerungsrast bei 66 °C

ZUTATEN
FÜR 20 LITER BIER

Wasser 30 Liter

Malz 4 kg Pilsner Malz, 1 kg Caramalz 20–30 EBC,
1 kg Caramalz 50 EBC, 500 g Special-B-Malz,
500 g rohe Gerstenflocken

Zucker (Sud) 150 g Vollrohrzucker
(oder brauner Rohrzucker)

Hopfen 30 g Target (9 %) als Bitterhopfen, 25 g Brewer's Gold (5,9 %)
als Aromahopfen, 25 g Saaz (1,86 %) als Aromahopfen

Hefe 1 Päckchen Safbrew BE-256 Abbaye (Fermentis)

Sirup 1 l Wasser + 8,5 g Vollrohrzucker
x Anzahl der Liter Würze

- -

Beim Brauen die Anweisungen des Grundrezeptes auf S. 120 befolgen, aber Achtung:
- Kochen Sie die rohen Gerstenflocken vor der Etappe des Einmaischens/der Verzuckerung in 5 l Wasser und die Malze in 15 l Wasser (s. S. 156).
- Fügen Sie den Zucker während des Kochens hinzu.
- Verwenden Sie zur Hopfung den Target als Bitterhopfen 60 Minuten lang während des Kochvorganges, den Brewer's Gold als Aromahopfen 20 Minuten lang und den Saaz ebenso als Aromahopfen, aber nur fünf Minuten lang, damit möglichst viele Aromen erhalten bleiben.

In diesem Rezept verwenden wir:
• Caramalz 20–30 EBC, das unter den Namen Caramel Pilsen (Malteries Soufflet), Cara-Hell EBC 20–30 (Weyermann), Cara Blond 20 EBC (Malterie du Château) zu kaufen ist.
• Caramalz 50 EBC, das auch unter folgenden Bezeichnungen erhältlich ist: Cara Red (Weyermann) oder Cara Ruby (Malterie du Château).
• Special-B-Malz 300 EBC, das unter zahlreichen Markennamen erhältlich ist. Dieser hat eine doppelte Röstung hinter sich, die ihm eine intensive Karamellnote verleiht, die an Lakritze erinnert, sowie eine Note von Nuss und reifen Pflaumen.

Warum der Würze Zucker hinzufügen?

Das Ziel besteht darin, die Dichte der Würze zu erhöhen, ohne die Menge an Getreide zu steigern. So kann man den Alkoholgehalt erhöhen, ohne die Menge an Restzucker zu erhöhen. Das Ergebnis ist ein Bier, das trockener im Abgang ist.

INDIA PALE ALE

6,8 Vol.-%

Hier sind wir nun! Eine große Menge Hopfen in einem relativ leichten, hellen Bier. Laut einer Legende wurde das Bier im England der Kolonialzeit mit lokalen Rohstoffen gebraut und danach zur Konsumation nach Indien transportiert. Um die Haltbarkeit des Bieres während des langen Transports sicherzustellen, brauten die Engländer das Bier mit beträchtlich höherem Hopfen- und Alkoholgehalt. Heute gehören die IPA zu den „trendigsten" Bieren, aber Achtung, sie lassen sich nicht so einfach von den Geschmacksknospen zähmen!

BESCHREIBUNG

- Dichte vor dem Kochen: 1,056
- Anfangsdichte: 1,061
- Enddichte: 1,008
- Bitterkeit: ungefähr 60 IBU
- Farbe: 12 EBC
- Geschätzter Alkoholgehalt: 6,8 Vol.-%

Verzuckerung mit einer einzigen Verzuckerungsrast bei 65 °C

ZUTATEN
FÜR 20 LITER BIER

Wasser 30 Liter

Malz 5 kg helles Malz

Zucker (Sud) 400 g heller Rohrzucker

Hopfen 40 g East Kent Goldings (6,2 %) als Bitterhopfen,
45 g Amarillo (10,5 %) als Aromahopfen,
100 g Amarillo (10,5 %) für die Kalthopfung

Hefe 1 Päckchen Bry-97 (Lallemand)

Sirup 1 l Wasser + 8 g heller Rohrzucker
x Anzahl der Liter Würze

- -

Beim Brauen die Anweisungen des Grundrezeptes auf S. 120 befolgen, aber Achtung:
– Brauen Sie das Bier eine Stunde und 15 Minuten lang bei 65 °C, wodurch mehr Einfachzucker und damit auch mehr Alkohol entstehen.
– Fügen Sie den Zucker während des Kochvorganges hinzu.
– Zur Information: Der Amarillo-Hopfen mit gemischtem Profil (der sowohl als Bitterhopfen als auch als Aromahopfen verwendet wird) wird in diesem Rezept hervorgehoben, damit er seine Zitrus- und Blumenaromen durch die Verwendung als Aromahopfen entfalten kann (und nicht als Bitterhopfen, wie man aufgrund seines hohen Gehalts an Alphasäuren geneigt wäre zu denken). Das Ziel ist es, ein hopfenbetontes, bitteres, aber dennoch trinkbares Bier herzustellen!
– Die Kalthopfung zu Beginn der Nachgärung durchführen (s. S. 60).

Verkostungsnotiz für das India Pale Ale

In einem Pint- oder IPA-Glas, mit 8 °C.
Es ist hell und leicht getrübt, hat eine feine und leichte Schaumkrone und entwickelt ein intensives Grapefruitaroma mit Ananas- und Mangonoten im Hintergrund. Bei der Verkostung bemerkt man einen leichten Körper und die absolute Dominanz des Hopfens. Seine komplexen Aromen machen sich im Zuge der olfaktorischen Wahrnehmung bemerkbar und schwanken zwischen sauren Zitrusfrüchten wie Grapefruit und lieblichen exotischen Früchten wie Mango. Der bittere Abgang ist sehr lang.
Dieses Bier zeichnet sich durch seine fruchtige Nase aus und sein Geschmack verbleibt noch lange im Mund. Ein unzweideutiges IPA, bei dem der Hopfen natürlich als Bittermacher, aber vor allem aromatisch wirkt. Verkosten Sie dieses Bier zu einem würzigen Gericht wie Curry.

Birgit
LA BLANCHE

5,5 Vol.-%

Wir kommen auf ein Weißbier zurück, ganz im Geiste der deutschen und belgischen Weißbiere, mit rohem, gemälztem Getreide und selbstverständlich etwas Gerstenmalz. Die Besonderheit dieses Rezepts ist, dass während des Brauens kein Aromahopfen verwendet wird, sondern erst bei der Nachgärung in Form von Kalthopfung. Der Opal mit seinen Zitrus- und Gewürznoten verleiht diesem Bier Pep. Gut gekühlt zu genießen.

BESCHREIBUNG

- Dichte vor dem Kochen: 1,050
- Anfangsdichte: 1,054
- Enddichte: 1,012
- Bitterkeit: ungefähr 15 IBU
- Farbe: 8 EBC
- Geschätzter Alkoholgehalt: 5,5 Vol.-%

Verzuckerung mit einer einzigen Verzuckerungsrast bei 67 °C

ZUTATEN
FÜR 20 LITER BIER

Wasser 30 Liter

Malz 2 kg Pilsner Malz, 2 kg Weizenmalz, 800 g roher Weizen

Zucker (Sud) 200 g heller Rohrzucker

Hopfen 30 g Perle (7,3 %) als Bitterhopfen,
20 g Opal (5,9 %) zur Kalthopfung

Hefe 1 Päckchen Bavarian Wheat 3638 (Wyeast)
oder Munich (Lallemand)

Sirup 1 l Wasser und 7,5 g heller Rohrzucker pro Liter Würze

Beim Brauen die Anweisungen des Grundrezeptes auf S. 120 befolgen, aber Achtung:
- Kochen Sie die rohen Weizenflocken vor der Etappe des Einmaischens/der Verzuckerung in 5 l Wasser und die Malze in 15 l Wasser (s. S. 156).
- Brauen Sie bei 67 °C.
- Fügen Sie den Zucker beim Kochen hinzu.
- Überspringen Sie hier die Etappe der Hopfung mit dem Aromahopfen nach 40-minütiger Kochdauer, und gehen Sie zur Kalthopfung mit dem Opal über (s. S. 60).

Warum sind Weißbiere weiß (und manchmal überhaupt nicht weiß)?

Das Weißbier sticht dank seiner charakteristischen blassgelben und milchigen Farbe heraus. Zumindest im Allgemeinen ... Ein Bier gilt als Weißbier, wenn Weizen oder Weizenmalz einen beträchtlichen Teil der Getreidezugabe ausmachen. Es gibt zwei große Weizenbiertraditionen: die deutsche, die bis zu 70 % Weizenmalz verwendet, wobei dieses durch gemälzte Gerste ergänzt wird, und die belgische, die mit einem großen Teil Gerstenmalz und 30 bis 50 % rohem Weizen arbeitet (sehr oft werden diese Biere mit Koriandersamen und Orangenschalen aromatisiert, ein kleiner Trick, den sich die Belgier von den Niederländern abgeschaut haben, die früher für den Gewürzhandel bekannt waren). Da die Brauer auch geröstetes Weizenmalz oder rohes, geröstetes Getreide zur Verfügung haben, können sie damit goldene, bernsteinfarbene oder sogar dunkle Biere erzeugen, wie das Hefe-Weißbier Dunkel, das zu den Weißbieren gehört! Die Trübung des Weißbieres kommt einerseits durch die Zerkleinerung der Weizenkörner zustande, bei der tendenziell mehr Mehl entsteht als bei der Zerkleinerung von Gerste, andererseits durch den relativ hohen Eiweißgehalt dieses Getreides, da Eiweiße eine natürliche Trübung des Bieres erzeugen. Die Gemeinsamkeit der Weißbiere? Ein frischer Geschmack, Körper, eine schöne Schaumkrone und Zitronen- sowie fruchtige Noten.

SMASH
à Vienne

7,1 Vol.-%

Setzen wir unsere Reise in Richtung Osteuropa mit Wiener Malz, polnischem Marynka-Hopfen und einer schönen Budvar-Lager-Flüssighefe fort! Traditionellerweise werden in diesen durch tiefe Temperaturen charakterisierten Regionen tendenziell eher untergärige Lagerbiere mit geringem Alkoholgehalt hergestellt. Um die Sache nun aber spannender zu machen, wollte man einen Alkoholgehalt von 7 Vol.-% erreichen, eine Kalthopfung durchführen und vor allem eine schrittweise Gärung erreichen, damit sich komplexere Aromen entwickeln können. Das Ergebnis ist ein köstliches und erfrischendes Bier, das den ganzen Abend lang fließen wird!!

BESCHREIBUNG

• Dichte vor dem Kochen: 1,063

• Anfangsdichte: 1,068

• Enddichte: 1,015

• Bitterkeit: ungefähr 33 IBU

• Farbe: 13 EBC

• Geschätzter Alkoholgehalt: 7,1 Vol.-%

Verzuckerung mit einer einzigen Verzuckerungsrast bei 65 °C

ZUTATEN
FÜR 20 LITER BIER

Wasser 30 Liter

Malz 7 kg Wiener Malz

Hopfen 30 g Marynka (6,5 %) als Bitterhopfen,
30 g Marynka (6,5 %) als Aromahopfen,
30 g Marynka (6,5 %) zur Kalthopfung

Hefe 1 Päckchen Budvar Lager (Wyeast) oder Saflager
W34/70 (Fermentis)

Sirup 1 l Wasser + 8 g heller Rohrzucker
x Anzahl der Liter Würze

- -

Beim Brauen die Anweisungen des Grundrezeptes auf S. 120 befolgen, aber Achtung:
– Brauen Sie bei 65 °C, was Ihnen erlaubt, mehr Einfachzucker und damit mehr Alkohol zu erzeugen.
– Für die Hauptgärung halten Sie das Gärgefäß zwei Wochen lang auf einer Temperatur von 10 bis 13 °C.
– Für die Nachgärung stellen Sie es drei Tage lang in einen Raum mit etwa 17 °C.
– Gehen Sie sogleich zur Kalthopfung mit dem Marynka-Hopfen über (s. S. 60).
– Bringen Sie alles in eine Umgebung mit 4 °C.
– Berechnen Sie schließlich eine Reifungszeit in der Flasche von mindestens vier Wochen ein.

Verkostungsnotiz für das SMASH à Vienne

In einem Bierkrug, mit 7 °C.
Seine hellrote und leicht getrübte Farbe ist von einer feinen, ziemlich dichten Schaumkrone gesäumt. Man riecht sofort die Dominanz des Marynka, der intensiven Zitrusgeschmack, vor allem nach Orange und Bergamotte, aufweist. Vom ersten Schluck an nimmt man den Körper wahr, der durch den einfachen Geschmack des Wiener Malzes, der mittellang anhält, ergänzt wird. Die Bitterkeit, immer noch auf Zitrusfrüchten liegend, ist sanft und hält merklich lange an. Hiermit präsentieren wir Ihnen ein gut ausgeglichenes SMASH, bei dem die fruchtigen Aromen des Marynka durch die Struktur des Wiener Malzes hervorgehoben werden. Ein Bier, das perfekt zu einem gemischten Salat oder einem Gericht mit säuerlichen Noten passt.

Imperial
IPA

9 Vol.-%

Das *India Pale Ale* auf seinem Höhepunkt: 9 Vol.-% Alkohol, theoretisch 100 IBU. Aua, das gibt einen Kater! Drei amerikanische Hopfensorten werden in diesem Bier verwendet. Amarillo, Citra und Cascade, die über sehr fruchtiges Aroma verfügen. Dazu kommt eine Flüssighefe, die auf *American Ales* zugeschnitten ist. Einen Hinweis, bevor Sie dieses Monster in Angriff nehmen: Zähmen Sie es, nachdem Sie Ihre Geschmacksknospen mit Standard-IPA, wie jenem auf S. 162, trainiert haben.

BESCHREIBUNG

- **Dichte vor dem Kochen:** 1,083
- **Anfangsdichte:** 1,089
- **Enddichte:** 1,018
- **Bitterkeit:** ungefähr 103 IBU
- **Farbe:** 30 EBC
- **Geschätzter Alkoholgehalt:** 9 Vol.-%

Verzuckerung mit einer einzigen Verzuckerungsrast bei 69 °C

ZUTATEN
FÜR 20 LITER BIER

Wasser 30 Liter

Malz 7 kg helles Malz, 700 g Caramunich-Malz,
500 g Haferflocken

Zucker (Sud) 400 g Farinzucker

Hopfen 40 g Amarillo (10,5 %) als Bitterhopfen, 40 g Citra (13,5 %)
als Bitterhopfen, 50 g Cascade (8,5 %) als Aromahopfen,
60 g Cascade (8,5 %) und 60 g Citra (13,5 %) für die Kalthopfung

Hefe 1 Päckchen American Ale II (Wyeast)
oder US-05 (Fermentis) und 1 Päckchen F-2 Fermentis

Sirup 1 l Wasser + 8,5 g heller Rohrzucker
x Anzahl der Liter Würze

Beim Brauen die Anweisungen des Grundrezeptes auf S. 120 befolgen, aber:
– Kochen Sie die rohen Gerstenflocken vor der Etappe des Einmaischens/der Verzuckerung in 5 l Wasser und die Malze in 15 l Wasser (s. S. 156).
– Brauen Sie bei 69 °C. So erzeugen Sie mehr Mehrfachzucker und dies verleiht dem Bier mehr Rundheit.
– Gehen Sie nach 50 Minuten Kochzeit zur Hopfung mit dem Aromahopfen über (also 10 Minuten lang).
– Fügen Sie den Zucker während des Kochvorganges hinzu.
– Halten Sie das Gärgefäß für die Hauptgärung eine Woche lang auf etwa 22 °C und gehen Sie anschließend zur Kalthopfung mit dem Cascade und dem Citra über, bevor Sie die Flüssigkeit mindestens 15 Tage lang kaltstellen.
– Beim Abfüllen in Flaschen eine Prise F-2, Hefe für die Nachgärung, zugeben.

Verkostungsnotiz für das Imperial IPA

In einem Nosing- oder IPA-Glas, mit 10 °C.
Dabei handelt es sich um ein schönes Bier mit heller Bernsteinfarbe und feinem Schaum. Es bietet eine fruchtige und intensiv süße Nase, die an Zitronensorbet und Passionsfrucht mit einem Hauch von Orangenblüten erinnert. Im Mund ist sein mächtiger Körper im Einklang mit einer starken und betonten Bitterkeit, was durch die relativ kräftige Malzstruktur leicht abgemildert wird. Die Pflanzenaromen sind komplex und gehen in Richtung Zitrusschalen. Alles an diesem Bier ist intensiv: sein hoher Alkoholgehalt, seine intensiven Hopfen- und Getreidearomen. Seine Bitterkeit und seine seidige Textur gleichen sich in einem langen und angenehmen Abgang aus. Ein wahres Verkostungsbier.

MEDIZINISCHE WIRKUNGSWEISEN DES HOPFENS

- - - - - - - - - - - - - -

EIN BREITES SPEKTRUM AN HEILWIRKUNGEN

Hopfen ist für seine antibakteriellen, pilztötenden, appetitanregenden und verdauungsfördernden Wirkungen bekannt. Er wirkt auch als Beruhigungs- und Schlafmittel. Früher wurde Hopfen in Deutschland und Frankreich bei Schlafstörungen eingesetzt. Man erkannte damals, dass die Hopfenpflücker schnell ermüdeten. In Flandern findet man übrigens vielerorts Lieder, die das Hopfenpflücken besingen und die helfen, den Arbeitstakt einzuhalten. Es war auch Brauch, getrocknete Hopfenzapfen in die Kopfkissen von Personen zu stecken, die an Schlaflosigkeit litten. Die im Hopfen enthaltenen ätherischen Öle sind flüchtig, sie wirken über die Atemwege.

Bestimmte in den ätherischen Ölen des Hopfens enthaltene Flavonoide hemmen aufgrund ihrer antioxidativen Eigenschaften möglicherweise die Ausbreitung von Krebszellen und könnten so eine Schutzwirkung gegen Brust- und Eierstockkrebs haben. Die im Bier enthaltenen löslichen Tannine, die Antioxidantien sind, schützen vor kardiovaskulären Erkrankungen (Schlaganfall u. Ä.), vor Immunerkrankungen und neurodegenerativen Erkrankungen wie Alzheimer oder Parkinson ... unter der Bedingung, dass man in sehr geringen Mengen trinkt (50 ml pro Tag).

Hopfen ist keine harmlose Pflanze: Er wird daher eher als Gewürz denn als Zutat im engeren Sinne verwendet. In sehr großen Mengen kann Hopfen narkotisch wirken. Der Arzt Cazin (1788–1864) zeichnete tödliche Fälle aufgrund von Überdosen auf. Sie brauchen sich jetzt aber keine Sorgen zu machen, denn derartige Fälle treten heute nicht mehr auf. Selbst stark gehopfte Biere wie die IPA machen Sie nicht krankenhausreif!

EINE PFLANZE FÜR FRAUEN ...

Die östrogenen Eigenschaften, die man den Hopfenzapfen zuschrieb, waren sehr umstritten. Aus diesem Grund haben sie zahlreiche Forschungsarbeiten angeregt. So haben Wissenschaftler herausgefunden, dass Hopfen mehrere Phytoöstrogene (Hopein) enthält. Das würde das Einsetzen der Regelblutung bei den Frauen, die früher händisch Hopfen pflückten, eine Steigerung der Libido (super!) sowie die Verwendung des Hopfens zur Linderung von mit den Wechseljahren zusammenhängenden Hitzewallungen erklären. Eine Behandlung mit Hopfen wird außerdem für über 65-jährige Frauen empfohlen, die an Osteoporose leiden, da hor-

monelle Störungen sich in diesem Alter direkt auf die Knochengesundheit auswirken. Die Pflanze wirkt galaktogen und kann auch den Milcheinschuss auslösen.

Phytoöstrogene sind im Bier nur in so geringen Mengen vorhanden, dass die positive Wirkung bei Biertrinkerinnen sehr beschränkt ist. Es ist nicht zu vergessen, dass Bier Alkohol und Gerstensaft enthält, weshalb es für schwangere oder stillende Frauen gänzlich verboten ist. Deshalb wird empfohlen, Hopfen in Form von Extrakt oder Kapseln zu verwenden.

... UND ETWAS WENIGER FÜR MÄNNER

Bei Männern verhält es sich genau umgekehrt: in hohen Dosen wirkt Hopfen als Anaphrodisiakum (Mist!). Und es kann sein, dass die richtig festen Trinker von traditionellem Bier manchmal Männerbrüste haben – Gynäkomastie für die damit Vertrauten –, denn dies ist direkt auf die antiandrogene Wirkung von Hopfen zurückzuführen. Die männlichen Geschlechtshormone fallen gegen die vom Hopfen imitierten weiblichen Geschlechtshormone tatsächlich gar nicht ins Gewicht. Auch Erektionsstörungen stehen damit in Zusammenhang (noch einmal Mist!). Schlussfolgerung: Trinken wir Bier nur in moderaten Mengen!

333
TRAPPISTE
10,5 Vol.-%
5 Vol.-%

Keine Zeit, sich zu erholen – ein Trappistenmönch schlummert in diesem Buch! Matthieu hat sich einen Spaß daraus gemacht, zu brauen wie die Trappistenmönche. Traditionellerweise wird das Bier, das „zu verkaufen" ist, aus der ersten Würze hergestellt, die nach dem Filtern des Trebers gewonnen wird. Diese enthält sehr viel Zucker, und das Bier, das die Mönche tranken (Luxusbier), wurde durch das Ausschwemmen des Trebers hergestellt. Das Ergebnis ist ein erstes sehr starkes Bier und ein zweites mit 3 bis 5 Vol.-% Alkohol, das für den täglichen Konsum gedacht war. Warum „333"? Da wir drei Getreide- und drei Hopfensorten verwenden, um einen Drilling zu kreieren, der sich hier um die 10,5-Vol.-%-Marke bewegt, also dreimal so viel Alkohol enthält wie ein Basisbier. Dieses Rezept erfordert etwas Organisation (Utensilien in zweifacher Ausführung), also nehmen Sie es nur in Angriff, wenn Sie schon Brauerfahrung haben.

BESCHREIBUNG

TRAPPISTE

- Dichte vor dem Kochen: 1,089
- Anfangsdichte: 1,095
- Enddichte: 1,008
- Bitterkeit: ungefähr 37 IBU
- Farbe: 10 EBC
- Geschätzter Alkoholgehalt: 10,5 Vol.-%

Verzuckerung mit einer einzigen Verzuckerungsrast bei 65 °C

BESCHREIBUNG

LUXUSBIER

- Dichte vor dem Kochen: 1,038
- Anfangsdichte: 1,041
- Enddichte: 1,002
- Bitterkeit: ungefähr 37 IBU
- Farbe: 5 EBC
- Geschätzter Alkoholgehalt: 5 Vol.-%

Verzuckerung mit einer einzigen Verzuckerungsrast bei 65 °C

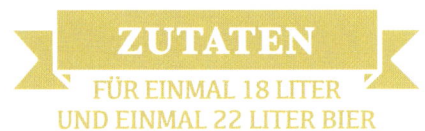

ZUTATEN

FÜR EINMAL 18 LITER
UND EINMAL 22 LITER BIER

Wasser 25 l für das Trappiste und 25 l für das Luxusbier

Malz 7 kg Pilsner Malz, 2 kg Weizenmalz,
1,2 kg roher Weizen (Variation: 4,5 kg Pilsner Malz,
1,5 kg Weizenmalz, 800 g Roggenmalz)

Zucker (Sud) 600 g Farinzucker

Hopfen für das Trappiste 48 g Perle (7,3 %) als Bitterhopfen,
30 g Brewer's Gold (5,9 %) als Aromahopfen, 30 g Hallertau Blanc
(5,5 %) als Aromahopfen; für das Luxusbier 10 g Citra (13,5 %)
als Bitterhopfen und 10 g Citra (13,5 %) als Aromahopfen

Hefe 2 Päckchen Belgian Abbey M47 (Mangrove Jack's), eines
pro Bier, und 1 Päckchen Hefe für die Nachgärung F-2 (Fermentis)

Sirup 1 l Wasser + 9 g Farinzucker
x Anzahl der Liter Würze

- -

Kochen des rohen Weizens

Diese Etappe geht der Verzuckerung voraus und ist notwendig, um das ungemälzte Getreide zu kochen und so das Eiweiß für die darauffolgende Etappe verfügbar zu machen.
Erhitzen Sie 5 l Wasser im Braukessel auf 50 °C. Fügen Sie das rohe Getreide hinzu. Kochen Sie es bei 80 °C 20 Minuten lang zugedeckt. Rühren Sie dabei regelmäßig um, um zu verhindern, dass es am Boden des Kessels festklebt.

Einmaischen/Verzuckerung

Gießen Sie 25 l Wasser in den Braukessel. Erhitzen Sie es auf 50 °C, fügen Sie die Malze hinzu und rühren Sie um, um die Maische gleichmäßig zu vermengen. Rühren Sie ununterbrochen um, um zu verhindern, dass die Körner am Boden festkleben. Erhitzen Sie die Maische rasch, bis Sie die Temperaturrast von 65 °C erreichen. Decken Sie das Gefäß zu. Halten Sie genau diese Temperatur eine Stunde lang und überschreiten Sie sie nicht. Stellen Sie dafür die Hitze richtig ein und rühren Sie regelmäßig um.

Zerstörung der Enzyme

Erhöhen Sie die Temperatur nach exakt einer Stunde, damit rasch 75 °C erreicht werden. Halten Sie diese Temperatur 15 Minuten lang ein.

Läutern des Trebers

Erhitzen Sie 25 l Wasser im Reservetopf auf 74 °C: Es dient zum Läutern des Trebers zur Herstellung des Luxusbieres. Stellen Sie den Kochkessel auf die (ausgeschaltete) Flamme und platzieren Sie das große Sieb darauf. Gießen Sie die Maische mithilfe eines Topfes in das Sieb, damit sie über dem Kochkessel abtropft. Warten Sie, während die Würze durch dieses so entstehende Treberbett gefiltert wird.

Ausschwemmen

Sobald kein Saft mehr aus dem Sieb tropft und der Treber trocken scheint, drücken Sie den Kuchen etwas aus, zum Beispiel mit einem Deckel, und sobald nichts mehr tropft, beginnen Sie mit dem Ausschwemmen in einen zweiten Kochkessel (oder ein anderes großes Gefäß und in diesem Fall verwenden Sie Ihren Kochkessel nach dem Kochen des Trappiste). Gießen Sie nach und nach die zuvor erhitzten 25 l Wasser durch den Treber. So sollten Sie 15 l Flüssigkeit für die erste Würze (Trappiste) und etwa 21 l für das Ausschwemmen (Luxusbier) erhalten. Wenn Ihnen noch Wasser übrigbleibt, Sie diese Menge aber schon erreicht haben, verwenden Sie das überschüssige Wasser nicht, da Sie sonst riskieren, Ihr Bier zu verwässern.

Kochen des Trappiste

Entfernen Sie das Sieb und geben Sie den Bitterhopfen Perle sowie den Zucker in den Kochkessel. Erhitzen Sie die Würze, bis diese wallend kocht, und lassen Sie sie 40 Minuten lang zugedeckt so kochen.
Reinigen und desinfizieren Sie währenddessen den Kochkessel, den Gärverschluss, das Thermometer, das Aräometer, den Kochtopf, das Hefegefäß (s. S. 80) etc.
Fügen Sie nach 40 Minuten Kochzeit den Aromahopfen Brewer's Gold hinzu. Beenden Sie den Erhitzungsvorgang, erzeugen Sie sogleich einen Whirlpool (s. S. 103) und decken Sie den Kessel 15 Minuten lang zu. Fügen Sie anschließend den zweiten Aromahopfen, Hallertau Blanc, hinzu und decken Sie das Gefäß 5 Minuten lang zu.

Abkühlen des Trappiste

Waschen Sie sich die Hände. Die hygienischen Verhältnisse müssen einwandfrei und die Utensilien sauber und desinfiziert sein. Wirbeln Sie rund um sich nicht zu viel Luft auf!
Für beide Biere: Nehmen Sie die Hopfensäckchen heraus. Gießen Sie die heiße Würze mit einem Kochtopf und einem Trichter (oder jedem anderen beliebigen Hilfsmittel) in ein Gärgefäß und verschließen Sie dieses. Kühlen Sie sie so schnell wie möglich auf 25 °C ab, indem Sie das Gefäß in ein kaltes Wasserbad stellen (oder eine andere Methode anwenden, s. S. 39). Überprüfen und notieren Sie die Anfangsdichte der Würze.

Kochen des Luxusbieres

Geben Sie den Bitterhopfen Citra ins Gärgefäß hinzu. Erhitzen Sie die Würze so lange, bis sie wallend kocht, und lassen Sie sie 40 Minuten lang zugedeckt so kochen. Reinigen und desinfizieren Sie währenddessen das Gärgefäß und die kleinen Utensilien.

Fügen Sie nach 40 Minuten Kochzeit den Aromahopfen Citra hinzu. Beenden Sie das Erhitzen, erzeugen Sie sogleich einen Whirlpool (s. S. 103) und decken Sie das Gefäß 20 Minuten lang zu. Wir empfehlen Ihnen, diese Kochvorgänge nacheinander durchzuführen, da es zu kompliziert wäre, das Abkühlen gleichzeitig durchzuführen (außer Sie sind zu zweit und besitzen die Utensilien in zweifacher Ausführung).

Abkühlen des Luxusbieres

Waschen Sie sich die Hände. Die hygienischen Verhältnisse müssen einwandfrei und die Utensilien müssen sauber und desinfiziert sein. Wirbeln Sie rund um sich nicht zu viel Luft auf!

Für beide Biere: Nehmen Sie die Hopfensäckchen heraus. Gießen Sie die heiße Würze mit einem Kochtopf und einem Trichter (oder jedem beliebigen anderen Hilfsmittel) in ein Gärgefäß und verschließen Sie dieses. Kühlen Sie sie so schnell wie möglich auf 25 °C ab, indem Sie das Gefäß in ein kaltes Wasserbad stellen (oder eine andere Methode anwenden, s. S. 39). Überprüfen und notieren Sie die Anfangsdichte der Würze.

Hefegabe

Für beide Biere: Führen Sie der Hefe Wasser zu, so wie auf der Verpackung angegeben, sobald die Würze 25 °C erreicht hat. Achten Sie peinlichst auf Hygiene und Sauberkeit. Öffnen Sie vorsichtig den Verschluss des Gärgefäßes und gießen Sie die Hefe hinein. Verschließen Sie es wieder, bringen Sie den Gärverschluss an und rühren Sie kräftig um, um das Ganze zu vermischen und Sauerstoff zuzuführen.

Hauptgärung

Halten Sie die Gärgefäße auf einer Temperatur von ungefähr 22 °C. Nach 12 bis 24 Stunden beginnt die Gärung und über die Gärverschlüsse wird CO_2 austreten. Lassen Sie die Flüssigkeit drei bis fünf Tage lang gären, ohne die Behälter zu öffnen. Nach fünf Tagen hören die Gärverschlüsse normalerweise auf zu „glucksen" und die Hauptgärung ist abgeschlossen. Es ist normal, dass die Gärvorgänge nicht gleichzeitig beginnen; wir haben beobachtet, dass das Luxusbier viel schneller zu gären anfängt. Waschen Sie sich die Hände. Öffnen Sie vorsichtig den Verschluss des Gärgefäßes. Entnehmen Sie mit gereinigten und desinfizierten Umfüll-Utensilien eine Würzeprobe und überprüfen Sie die Enddichte. Stimmt die Enddichte nicht mit jener überein, die im Rezept vorgesehen ist, ist die Gärung vielleicht noch nicht abgeschlossen. Lassen Sie in diesem Fall noch ein paar Tage unter denselben Bedingungen vergehen.

Nachgärung oder Lagerung

Platzieren Sie alles zur Nachgärung mindestens zehn Tage lang in einer kalten Umgebung (am besten zwischen 0 und 5 °C).

Süßung und Abfüllen in Flaschen

Waschen Sie sich die Hände. Die hygienischen Verhältnisse müssen einwandfrei und die Utensilien müssen sauber und desinfiziert sein. Wirbeln Sie rund um sich nicht zu viel Luft auf!

Dieser Schritt muss für beide Biere getrennt erfolgen. Gießen Sie Ihr Bier in ein Gefäß, ohne den Trub am Boden des Gärgefäßes aufzuwirbeln.

Messen Sie die Menge an Bier, die Sie so gewonnen haben, genau aus (s. S. 110) und berechnen Sie die Menge an Zucker, die Sie benötigen. Vermischen Sie Zucker und Wasser in einem Kochtopf und bringen Sie das Gemisch zum Kochen. Gießen Sie den noch heißen Sirup ins Bier und rühren Sie mit einer sauberen Spatel um. Für das Trappistenbier fügen Sie 1 Prise Hefe für die Nachgärung (F-2 o. Ä.) mit einer sauberen Messerspitze hinzu und streuen sie direkt vor dem Umrühren hinein.

Gehen Sie sogleich dazu über, das Bier in Flaschen abzufüllen (s. S. 96). Lagern Sie Ihre Flaschen für die Nachgärung bei einer Temperatur von 15 bis 25 °C. Selbst wenn Ihr Bier nach einigen Tagen „Blasen wirft", ist es erst nach drei Wochen richtig gereift (nach fünf Wochen für das Trappistenbier).

Verkostungsnotiz für das 333 Trappiste

In einem großen Kelch, mit 12 °C.
Die Farbe ist hell, trüb und der Schaum dick und langanhaltend und bildet eine schöne Spitze rund um das Glas. Die Nase ist lebendig, wobei Noten von Backhefe, frischem Brot und weißer Traube dominieren. Im Mund nimmt man einen vollen Körper wahr und der Hefegeschmack, den man bereits mit der Nase wahrgenommen hat, bestätigt sich. Der Abgang ist kurz, nur die Bitterkeit des Hopfens hält an. Die leistungsstarken Hefen, die wir hier verwenden, geben dem Alkohol gegenüber der Rundheit den Vorzug. Das Ergebnis ist ein einfaches Bier, das jedoch sehr wohl Charakter hat, was man besonders bemerkt, wenn man es in Kombination mit gedünsteten Gerichten aus dem Norden Belgiens genießt.

Verkostungsnotiz für das 333 Luxusbier

In einer Bierflöte, mit 6 °C.
Dieses Bier verfügt über eine schöne helle, strohgelbe Farbe und ist sehr klar. Seine Blasen erinnern an jene von Champagner. Der leichte Schaum verströmt für relativ kurze Zeit das Aroma von Schwarzen Johannisbeeren, darauf folgt das dominante, leicht kampferartige Aroma von Hefe. Sein leichter Körper und seine Zitrusnoten überwiegen großteils gegenüber der Weizenmalzbasis, die merklich ist. Die Schwarze Johannisbeere macht sich noch einmal flüchtig im Mund bemerkbar. Der Abgang ist trocken und lange auf der Bitterkeit. Dieses *Session Beer* hat intensives Aroma.

Sweet & Stout

7 Vol.-%

Mister Porter haben Sie ja schon auf S. 138 kennengelernt. Jetzt stellen wir Ihnen seinen Bruder, Mister Stout, vor, ein Muskelprotz mit weichem Kern, der 7 Vol.-% Alkohol aufweist, die durch seinen Geschmack nach Zucker und Honig abgemildert werden. Das Brauen bei 70 °C fördert das Entstehen von Restzucker und ist der Schlüssel zum Erfolg dieses Rezeptes, das für Liebhaber von dunklen und aromatischen Bieren mit ordentlich cremigem Schaum reserviert ist. Die typisch englischen Hopfensorten verleihen ihm holzige, krautige und fruchtige Noten. Wie wir sagen, das ist ein gutes Bier, das „mit Vorsicht zu genießen" ist!

BESCHREIBUNG

- **Dichte vor dem Kochen:** 1,071
- **Anfangsdichte:** 1,076
- **Enddichte:** 1,016
- **Bitterkeit:** ungefähr 44 IBU
- **Farbe:** 80 EBC
- **Geschätzter Alkoholgehalt:** 7 Vol.-%

Verzuckerung mit einer einzigen Verzuckerungsrast bei 70 °C

ZUTATEN
FÜR 20 LITER BIER

Wasser 30 Liter

Malz 5,5 kg helles Malz, 700 g Schokoladenmalz 600 EBC, 350 g
Cara Ruby 50 EBC-Malz, 1 kg Haferflocken

Zucker (Sud) 500 g Heidehonig

Hopfen 50 g Whitbread Golding Variety (5,8 %) als Bitterhopfen,
50 g Fuggle (4,4 %) als Aromahopfen

Hefe 1 Päckchen Whitbread Ale (Wyeast)
oder Windsor (Lallemand)

Sirup 1 l Wasser + 7 g heller Rohrzucker
x Anzahl der Liter Würze

Beim Brauen die Anweisungen des Grundrezeptes auf S. 120 befolgen, aber Achtung:
- Kochen Sie die Haferflocken vor der Etappe des Einmaischens/der Verzuckerung in 5 l Wasser und die Malze in 15 l Wasser (s. S. 156).
- Brauen Sie bei 70 °C. So entstehen mehr Mehrfachzucker und das Bier bekommt mehr Rundheit.
- Fügen Sie am Ende des Kochvorganges den Honig hinzu.

Bierschaum

Die einen lieben ihn, die anderen verfluchen ihn ... Vor allem, wenn sie einen Schnurrbart oder Lippenstift tragen! Er kann cremig, kompakt, aufgelöst, fein oder dick, weiß oder mokkafarben sein und ist ein Teil der Freude bei der Verkostung, die damit beginnt, das Bier zu begutachten, sobald es serviert wird. Der Schaum ist vor allem ein Zeichen für eine gelungene Gärung und das Vorhandensein von viel Eiweiß im Bier (was vor allem mit der Beigabe von Weizen zusammenhängt). Seine Menge im Glas sowie seine Form hängen vom Biertyp (feiner Schaum bei englischen Bieren, dicker Schaum bei deutschen Lagerbieren), aber auch vom Service und von der Sauberkeit der Gläser ab. Die größten Bedrohungen für Schaum? Geschirrspülmittelrückstände, Rückstände von Spülflüssigkeit der Spülmaschine, Kristallgläser oder eine Spur Fett auf dem Glas (waschen Sie das Glas in diesem Fall mit Geschirrspülmittel und spülen Sie gründlich mit heißem Wasser). Wenn Sie den Beweis möchten, machen Sie es wie Valentin aus der Brasserie BOS bei seinen Ausbildungen: Wischen Sie sich mit dem Finger ein wenig „Fett" von der Stirn, wischen Sie es an der Innenseite eines Glases ab, servieren Sie Bier darin und beobachten Sie, wie der Schaum genau an dieser Stelle in sich zusammenfällt!

Saison-Biere sind typisch für Belgien und Nordfrankreich, da die Feldarbeiter diese Gebiete als
Sommerdestination nutzten. Ihr Hauptmerkmal:
eine ausgeprägte Milde, die auf die Verwendung
von speziellen Saison-Hefestämmen zurückzuführen ist, echte Arbeitstiere, die alle Zucker, die sie
finden, in Alkohol umwandeln! Die Belgian-Sea-
son-Hefe ist somit der Schlüssel zum Erfolg dieses
Rezeptes. Saison-Biere sind leicht und manchmal
etwas säuerlich und haben den Ruf, gut gegen
den Durst trinkbare *Session Beers* zu sein. Die
Variation, die wir Ihnen hier vorschlagen, hat einen
hohen Alkoholgehalt, aber keine Säure. Die Kalthopfung verleiht dem Bier zusätzliche aromatische Intensität, die erfrischend ist.

BESCHREIBUNG

- Dichte vor dem Kochen: 1,060
- Anfangsdichte: 1,064
- Enddichte: 1,008
- Bitterkeit: ungefähr 25 IBU
- Farbe: 13 EBC
- Geschätzter Alkoholgehalt: 7,4 Vol.-%

Verzuckerung mit einer einzigen Verzuckerungsrast bei 65 °C

ZUTATEN
FÜR 20 LITER BIER

Wasser 30 Liter

Malz 4,2 kg Pilsner Malz, 1,4 kg Münchner Malz

Zucker (Sud) 380 g heller Rohrzucker

Hopfen 30 g Marynka (6,5 %) als Bitterhopfen, 15 g Cascade
(5,4 %) als Aromahopfen, 40 g Cascade (5,4 %) für die Kalthopfung

Hefe 1 Päckchen Belgian Season (Wyeast)
oder Safale T-58 (Fermentis)

Sirup 1 l Wasser + 8 g Farinzucker
x Anzahl der Liter Würze

Beim Brauen die Anweisungen des Grundrezeptes auf S. 120 befolgen, aber Achtung:
– Brauen Sie bei 65 °C. So entstehen mehr Einfachzucker, was dem Bier eine trockenere Note verleiht.
– Fügen Sie den Zucker während des Kochvorganges hinzu.
– Bei der Hauptgärung haben wir angemerkt, dass sie 14 Tage dauert. Das ist normal; die Hefen, die schließlich alles in Alkohol umwandeln, benötigen dafür genug Zeit!
– Führen Sie die Kalthopfung mit dem Cascade zu Beginn der Nachgärung durch (s. S. 60)

Saison-Biere: eine sommerliche Erfrischung

Früher stellten die Bauernhöfe in Belgien Saisonarbeiter für die Feldarbeit an. Dies war eine anstrengende Arbeit, die natürlichen und berechtigten Durst auslöste! Landwirtschaft und Brauerei gingen im Allgemeinen Hand in Hand, vor allem was den Anbau von Gerste betraf, und zahlreiche Farmen besaßen ihre eigene Brauerei. Diese Landwirte, die zugleich Brauer waren, nutzten den Winter, um ein Bier für die Sommersaison zu brauen. Dieses war erfrischend, hell bis bernsteinfarben und besaß ursprünglich eine leicht säuerliche Note, wies 5 bis 7 Vol.-% Alkohol auf und war stark gehopft. Ein weiteres Merkmal: Das Bier war dank der Verwendung obergäriger Hefestämme mit hohem Vergärungsgrad (die zu wenig Restzucker führen), die sehr ausdrucksstark waren (Wir sind hier in Belgien!), meist trocken und fruchtig im Abgang. Manche vergleichen das Saison-Bier mit dem französischen Bière de garde Jenlain, da beide im Norden und traditionellerweise auf Bauernhöfen gebraut werden. Der Vergleich hinkt jedoch, da das belgische Bier hefe- und hopfenbetont ist, während das französische deutlich malzbetont ist.

Verkostungsnotiz für das Saison d'Été

In einer Biertulpe, mit 8 °C.
Das Bier weist eine schöne goldgelbe Farbe auf, ist klar mit viel Schaum und einer mittleren Anzahl an Blasen, was vielversprechend ist! In der Nase dominiert der Alkohol „ganz im belgischen Sinn", gepaart mit einem Aroma von sehr reifen Bananen. Der Geschmack des Malzes ist nicht dominant, dennoch sind Honig- und karamellisierte Geschmäcke wahrnehmbar. Der Abgang ist blumig-lebhaft und wird von anhaltendem Phenolgeschmack begleitet. Hierbei handelt es sich um ein sehr belgisches Saison-Bier, das keine Säure aufweist, wodurch das Aroma von Alkohol und reifen Früchten in den Vordergrund tritt. Es ist zu verkosten wie ein guter Most, zu Apfelkuchen, Crêpe oder Waffeln.

L'AMÈRE
NOËL
7
Vol.-
%

Um der Geschichte der Weihnachtsbiere treu zu
bleiben, haben wie beschlossen, ein Bier aus allen
Zutaten zu kreieren, die übrigbleiben könnten,
wenn man alle Bierrezepte in diesem Buch umsetzt.
Danach haben wir die Verhältnisse der Mengen der
Zutaten berechnet und dabei auch die im Handel
erhältlichen Packungsgrößen berücksichtigt. Um
dem Bier Charakter zu verleihen, haben wir ihm
beim Abfüllen in Flaschen Sirup aus Ingwer und
Orangenschalen hinzugefügt. Was den Namen
angeht, den wir ihm verliehen haben, blättern Sie
um und lesen Sie die Verkostungsnotiz!

BESCHREIBUNG

- **Dichte vor dem Kochen:** 1,069
- **Anfangsdichte:** 1,075
- **Enddichte:** 1,011
- **Bitterkeit:** ungefähr 45 IBU
- **Farbe:** 50 EBC
- **Geschätzter Alkoholgehalt:** 8 Vol.-%

Verzuckerung mit einer einzigen Verzuckerungsrast bei 68 °C

ZUTATEN
FÜR 20 LITER BIER

Wasser 30 Liter

Malz 2,8 kg Pilsner Malz, 1 kg Bohemian Pilsner Malz,
600 g Münchner Malz, 500 g Special B Malz, 450 g Cara Ruby Malz,
300 g Caramunich Malz, 300 g Weizenmalz, 200 g Cara 120 Malz,
200 g Roggenmalz, 100 g Haferflocken

Zucker (Sud) 450 g Farinzucker oder brauner Rohrzucker

Hopfen 25 g Target (6,9 %) als Bitterhopfen,
30 g Styrian Golding (3 %), 25 g Saaz (2,5 %), 15 g Opal (5,9 %),
12 g Marynka (6,5 %), 20 g Hallertau Blanc (5,5 %), 16 g Cascade (5,5 %),
15 g Amarillo (10,5 %) als Aromahopfen

Hefe 1 Päckchen French Saison (Wyeast)
oder Belle Saison (Lallemand)

Sirup 1 l Wasser, 10 g Ingwerwurzel, 20 g getrocknete Orangenschalen + 8 g Farinzucker oder brauner Rohrzucker x Anzahl der Liter Würze

- -

Beim Brauen die Anweisungen des Grundrezeptes auf S. 120 befolgen, aber Achtung:
- Kochen Sie die Haferflocken vor der Etappe des Einmaischens/der Verzuckerung in 5 l Wasser und die Malze in 15 l Wasser (s. S. 156).
- Brauen Sie bei 68 °C. So erhalten Sie mehr Mehrfachzucker, was dem Bier mehr Rundheit verleiht.

- Führen Sie die erste Aromahopfung 40 Minuten nach dem Aufkochen (also 20 Minuten lang) mit dem Styrian Golding, dem Saaz, dem Opal und dem Marynka, und anschließend die zweite Aromahopfung 55 Minuten nach dem Aufkochen (also 5 Minuten lang) mit dem Hallertau Blanc, dem Cascade und dem Amarillo durch. Da wir noch viel Hopfen übrighaben und da extreme Bitterkeit nicht charakteristisch für Weihnachtsbiere ist, haben wir diese Methode ausgewählt, um die Aromen in den Vordergrund treten zu lassen.
- Fügen Sie während des Kochvorganges den Zucker hinzu.
- Gehen Sie beim Süßen folgendermaßen vor: Vermischen Sie Zucker und Wasser in einem Topf und bringen Sie beides zum Kochen. Fügen Sie den Ingwer und die Orangenschalen hinzu. Lassen Sie die Mischung 10 Minuten lang zugedeckt köcheln und anschließend 10 Minuten lang ziehen, immer noch zugedeckt. Filtern Sie sie mit einem Sieb und spülen Sie alles mit 250 ml heißem Wasser.

Verkostungsnotiz für das L'Amère Noël

In einem Nosing-Glas, mit 12 °C.
Dies ist ein sehr festliches Bier mit schöner rot-bernsteinfarbener Erscheinung und langlebigem Schaum. Der erste olfaktorische Eindruck ist jener von gebranntem Karamell, Orangenschalen und getrockneten Trauben, die dann einem alkoholischen Geschmack nach Rum weichen. Im Mund ist das Bier trocken und alkoholisch im Antrunk, der durch den intensiven pflanzlichen Geschmack der Hopfen unterstrichen wird. Der Geschmack der gerösteten Malze strukturiert das Ganze. Das Bier ist trocken im Abgang, bei dem sich der pflanzliche Geschmack der Hopfen mit der Bitterkeit der gerösteten Malze vermischt.
Alle Zutaten des *plum pudding* sind in diesem Weihnachtsbier mit abwechslungsreichem und intensivem Geschmack vereint. Das Orangenaroma dieses Bieres passt sehr gut zu einem Schokoladedessert.

KLEINE BASTELEIEN IN DER BRAUEREI

- - - - - - - - - - - - - - -

Wenn man mit dem Brauen beginnt, ist es nicht notwendig, in zu kostspielige Profi-Utensilien zu investieren. Üben Sie sich zuerst einmal mit rudimentären Utensilien. Wenn Sie im Laufe Ihrer Versuche wirklich die Liebe zum Bierbrauen entdecken, können Sie in Sachen Material einen Gang zulegen. Hier sehen Sie Anleitungen, erdacht von Matthieu, unserem MacGyver in Sachen Bedienungen!

EIN VENTIL AN EINEM NIROSTA-KESSEL ANBRINGEN

Ziel: dafür sorgen, dass die Bierwürze unten abfließen kann und so möglicherweise gefährliche Umfüllaktionen von kochender Flüssigkeit vermeiden; vollständigere Entleerung; Risiko von Verunreinigung wird verringert.

Material
- 1 Gewinderohr aus Messing mit einem Durchmesser von ½ Zoll und einer Länge von 10 cm, an den Enden abgefeilt;
- 2 O-Ringe mit 21 mm (sie müssen eng um das Gewinderohr liegen)
- 2 Unterlegscheiben mit ½ Zoll
- 1 Messing-Kugelventil männlich-weiblich
- Dichtungsmasse (oder Teflon) oder ein Kit zur Wanddurchführung, in dem alle die oben erwähnten Teile enthalten sind

Bohren Sie 2 cm über dem Boden ein Loch von 21 mm Durchmesser in die Kesselwand:
- entweder mit einer Lochstanze mit 21 mm (für Nirosta-Spülbecken);
- oder mit einem Stahl- oder Eisenbohrer mit 8 mm und einem Stufenbohrer; in diesem Fall bohren Sie ein Loch, mit dem 8-mm-Bohrer vor und vergrößern Sie es mit dem Stufenbohrer auf 21 mm Durchmesser;

• oder mit einem Eisenbohrer mit 3 mm und einer halbrunden Feile mit entsprechendem Durchmesser; bohren Sie mehrere kleine, aneinandergereihte Löcher, bis Sie eine Scheibe von 21 mm herausnehmen können und runden Sie den Rand mit der Feile ab.

Bringen Sie einen O-Ring am Rohr an und schrauben Sie eine Unterlegscheibe fest. Lassen Sie dabei auf der Seite, die innen am Kessel montiert wird, 3 cm überstehen.

Schieben Sie das Gewinderohr in die Wand des Kessels. Bringen Sie den zweiten O-Ring außen am Rohr an und schrauben Sie die zweite Unterlegscheibe fest. Versiegeln Sie das Ventil mit der Dichtungsmasse.

EINEN FILTER AUF DEM BODEN DES KESSELS ANFERTIGEN

Ziel: das Filtern des Trebers ermöglichen; Zeit sparen.

Material
• 1 „Omega"-Schutzhülle für Gasschläuche aus Nirosta mit mindestens 50 mm
• 1 Blechschere
• 1 Winkelschleifer mit einer dünnen Nirosta-Scheibe (2 mm)
• Schutzhandschuhe und Schutzbrille
• Sandpapier
• Feile

Ziehen Sie auf der Schutzhülle zwei Linien, zwischen denen der Abstand dem Durchmesser des Kessels entspricht. Schneiden Sie die Schutzhülle mit der Blechschere (im Freien, aufgrund der Funkenbildung). Passen Sie die Länge des Filters dem Boden des Kessels an; er sollte so exakt wie möglich passen. Machen Sie auf der linken Seite der Schutzhülle einen vertikalen Strich und schneiden Sie sie mit dem Winkelschleifer auf halber Höhe ein. Führen Sie dies alle 1,5 cm durch.
Entgraten Sie das Ganze vorsichtig mit Sandpapier und einer Feile (an der Oberfläche kann man sich leicht schneiden). Platzieren Sie den Filter am Boden des Kessels und passen Sie Ihre Handhabung des Brauspatels an, damit Sie den Filter nicht verschieben (wir sprechen aus Erfahrung!).

EINEN FLEXIBLEN FILTER BASTELN

Ziel: das Filtern des Trebers ermöglichen; Zeit gewinnen; Erträge vergrößern.

Material
- 1 Nirosta-Sanitärschlauch (trinkwasserzertifiziert) mit 50 cm Länge und ½ Zoll Durchmesser mit großer Durchflussmenge (anders gesagt, kein Unterschied zwischen der Durchlassöffnung und der Schraubenmutter)
- 1 Schneidzange
- 1 Cutter
- Überwurfmuttern weiblich mit ½ Zoll Durchmesser
- 1 Kabelbinder oder Nirosta-Draht

Schneiden Sie eine Seite des Schlauches so kurz wie möglich und werfen Sie das Verbindungsstück weg. Ziehen Sie das Nirosta-Netz, das sich um den Gummischlauch befindet, so weit wie möglich lang, damit das andere Ende beim zweiten Verbindungsstück freiliegt.
Schneiden Sie den Gummischlauch mit dem Cutter, lassen Sie den Nirosta-Schlauch wieder los, bis er über den Gummischlauch zurückrutscht und schnüren Sie das abgeschnittene Ende mit dem Kabelbinder ab.
Zur Verwendung schrauben Sie den Filter im Inneren des Kessels fest, an jenem Gewinderohr, das Sie zuvor angebracht haben.

EINE KÜHLSCHLANGE BASTELN

Ziel: ein schnelles Kühlsystem für die Würze erstellen, um so schnell wie möglich die Hefe hinzugeben zu können.

Material
- 10 m kupfernes Kühlrohr mit 12 mm Durchmesser (ohne Schutzhülle)
- nicht ummanteltes Kupferkabel
- 2 gebogene, männliche Schneidringverschraubungen mit 12 ½ Zoll
- Kugelventil männlich-weiblich mit ½ Zoll
- 2 Gartenschlauch-Kupplungen

Ziehen Sie die Windungen des Kühlrohres auseinander, sodass der Abstand zwischen ihnen etwa 2 cm beträgt. Formen Sie das Kühlrohr so, dass sich zwei vertikale Rohre von 30 bis 40 cm Länge ergeben.
Rollen Sie den Rest so ein, dass die Kühlschlange im Kessel hält und 2 bis 3 cm rundherum frei bleiben.
Verbinden Sie die Spiralen untereinander mit dem nicht ummantelten Kupferdraht an vier gegenüberliegenden Punkten der Kreise.
Bringen Sie die Schneidringverschraubungen fest an den Enden an, und montieren Sie anschließend die Gartenschlauch-Kupplungen.
Nachdem Sie die Kühlschlange gereinigt und desinfiziert haben (s. S. 92), bringen Sie sie im Gärgefäß an, schließen Sie einen Gartenschlauch an, am einen Ende zu einem Abfluss und am anderen Ende zum Wasserhahn.

Gießen Sie die noch kochende Würze in das Gefäß und öffnen Sie den Wasserhahn, der die Kühlschlange mit kaltem Wasser versorgt. Passen Sie die Durchflussmenge je nach Temperatur des Abflussrohres an. Ist das Wasser beim Austritt genauso kalt wie beim Eintritt, ist die Durchflussmenge zu hoch und Sie verbrauchen zu viel Wasser; drehen Sie den Hahn etwas zu, so lange, bis Sie einen Temperaturunterschied zwischen ein- und austretendem Wasser feststellen können. Normalerweise ist die Würze nach 30 bis 40 Minuten auf 25 °C abgekühlt.

Wenn Sie einen zusätzlichen Deckel haben, können Sie zwei Schlitze hineinschneiden und damit den Kessel während des Abkühlens zudecken und ihn so vor Bakterien schützen.

EIN BIERPADDEL BASTELN

Ziel: Als Bierbrauer, der etwas auf sich hält, brauchen Sie unbedingt ein schönes Bierpaddel! Dieses hat einen langen Stiel und erlaubt Ihnen, bis auf den Boden des Braukessels zu gelangen. Die Löcher machen das Umrühren einfacher, da die Maische durchfließen kann.

Material
- 1 Brett mit 3 cm Dicke, 15 cm Breite und 1 m Länge (aus Obstbaumholz, wie zum Beispiel Birnbaum-, Pflaumenbaum- oder Nussbaumholz, aufgrund ihres hohen Tanningehaltes)
- 1 Bohrmaschine mit einem 10er Holzbohrer
- Stichsäge
- 1 Raspel
- Sandpapier

Versuchen Sie maßstabgetreu das Modell auf dem Foto nachzumachen oder lassen Sie Ihrer Fantasie freien Lauf (die Spitze des Bierpaddels sollte abgeflacht sein, damit Sie den Boden des Kessels gut abkratzen können). Lassen Sie genügend Holz übrig, damit das Paddel stabil bleibt und machen Sie genügend Löcher, damit die Getreidekörner sie beim Umrühren passieren können. Machen Sie in der jeder Ecke der angezeichneten Löcher ein 10er Loch mit dem Bohrer, damit Sie mit dem Sägeblatt der Stichsäge hineinkommen. Sägen Sie entlang der Konturen alle Löcher, den Stiel und den Griff aus.
Runden Sie den Griff mit einer Raspel ab und schmirgeln Sie das Ganze ab. Tragen Sie keinesfalls Lack oder Öl auf, um das Ganze zum Glänzen zu bringen! Spülen Sie Ihr Bierpaddel nach der Verwendung einfach ab und hängen Sie es zum Trocknen auf.

Ambrée
OUCHE
NANON

7,4 Vol.-%

Das Ambrée Ouche Nanon ist ein komplexes Bier aus einer Auswahl von sechs Malzen und Getreidesorten und aus Farinzucker. Diese Zutat verbessert die Gärfähigkeit der Würze und ergibt so ein Bier mit hohem Alkoholgehalt. Das Ergebnis ist ein hybrides belgisches (was den Alkoholgehalt betrifft) und englisches (was die Nottingham-Hefe angeht) Bier. Möchte man das Bier mehr nach belgischer Art machen, verwendet man Abbaye-Hefe; möchte man es mehr nach englischer Art machen, brauen Sie es ohne Zucker und Special B Malz.

BESCHREIBUNG

- **Dichte vor dem Kochen:** 1,065
- **Anfangsdichte:** 1,068
- **Enddichte:** 1,012
- **Bitterkeit:** ungefähr 32 IBU
- **Farbe:** 30 EBC
- **Geschätzter Alkoholgehalt:** 7,4 Vol.-%

Verzuckerung mit einer einzigen Verzuckerungsrast bei 66 °C

ZUTATEN
FÜR 20 LITER BIER

Wasser 30 Liter

Malz 4,9 kg Pilsner Malz, 350 g Caramunich Malz,
350 g CaraHell Malz, 70 g Special B Malz, 50 g Carafa Malz,
350 g Gerstenflocken

Zucker (Sud) 300 g Farinzucker

Hopfen 11 g Target (10,9 %) als Bitterhopfen, 11 g Opal (9,2 %)
als Bitterhopfen, 8 g Brewer's Gold (5,9 %) als Aromahopfen,
5 g Opal (9,3 %) als Aromahopfen

Hefe 1 Päckchen Nottingham (Lallemand)

Sirup 1 l Wasser + 7,5 g heller Rohrzucker
x Anzahl der Liter Würze

- -

Beim Brauen die Anweisungen des Grundrezeptes auf S. 120 befolgen, aber Achtung:
– Kochen Sie die rohen Gerstenflocken vor der Etappe des Einmaischens/der Verzuckerung in 5 l Wasser und die Malze in 15 l Wasser (s. S. 156).
– Fügen Sie den Zucker am Ende des Kochvorganges hinzu.

Verkostungsnotiz für das Ambrée Ouche Nanon

In einem Kelchglas, mit 8 °C.
Dieses Bier von dunkler Bernsteinfarbe weist einen langlebigen Schaum auf. Ein deutliches Alkoholaroma, das an Portwein erinnert, wird von würzigen pflanzlichen Düften und dem Duft von Kiefernharz ergänzt. Der Körper ist voll, der Geschmack intensiv und komplex, mit Noten von Karamell, Röstnoten sowie Lakritze- und Holznoten.
Das Mundgefühl ist langanhaltend und liegt auf pflanzlichen bitteren Geschmäcken. Da haben wir ein Bier, das reichhaltig ist und den lebendigen Hopfengeschmack mit dem schwereren Geschmack gerösteten Malzes vereint. Als Aperitif, wie ein *vin cuit,* oder zu würzigen Gerichten genießen.

Rousse OUCHE NANON

5,5 Vol.-%

Die Herausforderung bei diesem Bier war folgende: Wir wollten ein Bier mit möglichst viel Körper, um viel Bitterkeit zu erreichen. Das Gleichgewicht zwischen süß und bitter, das charakteristisch für englische Rotbiere ist, wurde also angestrebt. Thomas hat alle Hebel in Bewegung gesetzt, über die man als Brauer verfügt, um ein kräftiges Bier zu erreichen: Verwendung von roher Gerste und Caramalz, Brauen mit einer einzigen Rast bei 70 °C exakt eine Stunde lang, Verwendung von Windsor, einer Hefe mit niedrigem Vergärungsgrad (die nur Einfachzucker verdauen kann, wodurch mehr Vielfachzucker im Bier verbleiben). Der Beweis, dass diese Technik funktioniert, ist als Ergebnis ein Bier mit einer Dichte von 1,024. Grund genug, großzügig Hopfen zu verwenden!

BESCHREIBUNG

- Dichte vor dem Kochen: 1,062
- Anfangsdichte: 1,066
- Enddichte: 1,024
- Bitterkeit: ungefähr 40 IBU
- Farbe: 17 EBC
- Geschätzter Alkoholgehalt: 5,8 Vol.-%

Verzuckerung mit einer einzigen Verzuckerungsrast bei 70 °C

ZUTATEN
FÜR 20 LITER BIER

Wasser 30 Liter

Malz 4,2 kg Pilsner Malz, 1,2 kg CaraHell Malz,
500 g Münchner Malz, 300 g rohe Gerstenflocken

Hopfen 22 g Target (10,9 %) als Bitterhopfen,
6 g Pilgrim und 20 g Brewer's Gold als Aromahopfen (5,9 %)

Hefe 1 Päckchen Windsor (Lallemand)

Sirup 1 l Wasser + 7 g Farinzucker
x Anzahl der Liter Würze

- -

Beim Brauen die Anweisungen des Grundrezeptes auf S. 120 befolgen, aber Achtung:
- Kochen Sie die rohen Gerstenflocken vor der Etappe des Einmaischens/der Verzuckerung in 5 l Wasser und die Malze in 15 l Wasser (s. S. 156).
- Brauen Sie bei 70 °C. So entstehen mehr Vielfachzucker, was dem Bier mehr Rundheit verleiht.

Seit einiger Zeit will Thomas ein Rezept für ein *American IPA* testen: ein beliebter Bierstil, bei dem das Hauptaugenmerk wirklich auf dem Hopfen liegt. Die Aufgabenstellung: ein klassisches amerikanisches IPA, aber ausschließlich aus europäischen Hopfen. *Exit* für Hopfen aus Neuseeland oder den Vereinigten Staaten, die für ihre Fruchtaromen bekannt sind, aber Tausende Kilometer entfernt angebaut werden. Ordentliche Konkurrenz finden wir genauso bei unseren europäischen Nachbarn! Das Rezept ist einfach. Beim Malz wählt man ein Pilsner Basismalz und ein wenig Caramalz, um das Ganze zu umrahmen, man fügt ein wenig Zucker hinzu, um die Malznote etwas zu mildern, oder man verwendet eine amerikanische Hefe, um dem Stil treu zu bleiben: Die knusprige Basis (*crisp*, wie man auf Englisch sagen würde) entsteht. Der Hopfen kann sich also in allen Etappen ausdrücken: Kochen für die Bitterkeit, der Aromahopfen dann in großer Menge bei der Kalthopfung! Die Hopfen Cascade, ein belgischer, Marynka (ein polnischer) und Hallertau Blanc, ein deutscher, zeigen hier alle ihre Vorzüge.

BESCHREIBUNG

- **Dichte vor dem Kochen:** 1,063
- **Anfangsdichte:** 1,065
- **Enddichte:** 1,011
- **Bitterkeit:** ungefähr 45 IBU
- **Farbe:** 10 EBC
- **Geschätzter Alkoholgehalt:** 7 Vol.-%

Verzuckerung mit einer einzigen Verzuckerungsrast bei 65 °C

ZUTATEN
FÜR 20 LITER BIER

Wasser 30 Liter

Malz 5,6 kg Pilsner Malz, 300 g CaraHell Malz

Zucker (Sud) 300 g heller Rohrzucker

Hopfen 16 g Marynka (10 %) als Bitterhopfen,
12 g Whitbread Golding Variety (6 %) als Bitterhopfen,
12 g Cascade (6,5 %) als Aromahopfen, 12 g Marynka (10 %) als
Aromahopfen, 12 g Hallertau Blanc (6,5 %) als Aromahopfen,
60 g Cascade (6,5 %) für die Kalthopfung, 60 g Marynka (10 %) für
die Kalthopfung, 60 g Hallertau Blanc (6,5 %) für die Kalthopfung

Hefe 1 Päckchen US-05 (Fermentis)

Sirup 1 l Wasser + 7,5 g Farinzucker
x Anzahl der Liter Würze

- -

Beim Brauen die Anweisungen des Grundrezeptes auf S. 120 befolgen, aber
Achtung:
– Brauen Sie bei 65 °C. So entstehen mehr Einfachzucker, was dem Bier eine tro-
  ckenere Note verleiht.
– Fügen Sie den Zucker während des Kochvorganges hinzu.
– Führen Sie die Kalthopfung mit dem Cascade, dem Marynka und dem Hallertau
  Blanc zu Beginn der Nachgärung (s. S. 60) durch.

WIE VERKOSTET MAN EIN BIER?

- - - - - - - - - - - - - - - -

Die Zythologie verhält sich zu Bier wie Oenologie zu Wein und Experten auf diesem Gebiet nennt man Zythologen (man kann auch „Bierologen" sagen, aber das macht nicht so viel Spaß!). Hier haben wir die Ratschläge unseres Freundes und Zythologen Francis Julien für Sie.

TEMPERATUR

- - - - - - - - - -

Das Bier muss mit der richtigen Temperatur serviert werden. Wenn es zu warm oder zu kalt ist, werden Aromen verstärkt oder überdeckt. Man hört oft, dass man das Bier bei einer Temperatur servieren muss, die dem Alkoholgehalt entspricht. Diese Weisheit trifft jedoch auf bestimmte Biere nicht unbedingt zu.
- Pils, Weißbiere, aromatisierte Biere oder „Session Beers": ungefähr bei 6 bis 7 °C (aus dem Kühlschrank)
- Lambic: zwischen 8 und 12 °C
- starke helle Biere (Triples d'Abbaye, Imperial IPA): von 7 bis 13 °C (je nach Zweck: Erfrischung oder Verkostung).
- Bernsteinfarbene Biere (Bière de garde, Spezialbiere ...): von 7 bis 13 °C (für diese gilt das Gleiche wie für die starken hellen Biere).
- „Mittelstarke" dunkle Biere (Dubbel zwischen 6 und 8 °C): von 9 bis 14 °C (für diese gilt das Gleiche wie für die starken hellen Biere).
- Dunkle vollmundige Biere (Quadrupel, Barley Wine): von 12 bis 15 °C (Kellertemperatur)
- Stouts, Porters und Scottish Ales: bei ungefähr 14 °C (bei dieser Temperatur werden sie traditionell in Pubs serviert).
- Starke dunkle Lagerbiere (Bock, Doppelbock ...): zwischen 9 und 12 °C.

GLAS UND SERVICE

Wählen Sie ein Glas, das zum Bierstil passt, damit Sie das Bouquet gut riechen können. Die Form des Glases spielt eine Rolle bei der Entfaltung der Aromen und beim Erhalt des Schaumes. Verkosten Sie:
• englische Ales und Stouts in einem geraden Glas oder einem Pint-Glas;
• Lagerbiere, Pils, Lambic-Biere und Fruchtbiere in einer Flöte;
• Trappistenbiere in einem Kelch;
• helle Biere und Abteibiere in einer Biertulpe;
• IPA in einem IPA-Glas (s. S. 163);
• intensive und dunkle Biere in einem Ballonglas oder einem Nosing-Glas;
• deutsche Weizenbiere in einem Weizenbierglas;
• deutsche Ales in einem Humpen;
Schenken Sie das Bier vorsichtig ein und bewegen Sie die Flasche vom Glas weg, während sich dieses füllt, damit eine schöne Schaumkrone entsteht. Sobald diese entstanden ist, neigen Sie das Glas, damit die Flüssigkeit unter dem Schaum steigt. So können Sie die Dicke der Schaumkrone bestimmen, die bis zum Schluss bestehen bleiben sollte.

BEOBACHTUNG

Schaum: Dieser trägt zum visuellen und geschmacklichen Vergnügen bei. Seine Farbe variiert je nach Biersorte – weiß, cremefarben, cappuchinofarben, rosé ...

Farbe: blond, kupferfarben, rot, braun, schwarz, klar oder trüb. Die Farbe kann uns bei der Verkostung leiten, aber Achtung, der Schein kann trügen! Ein helles Bier kann sehr viel Alkohol und Zucker enthalten und ein leichtes Schwarzbier kann wenig Alkohol enthalten und fruchtig sein.

Blasen: Auch die Karbonisierung eines Bieres hängt möglicherweise von der Biersorte ab (von einem ordentlich sprudelnden Pils hin zu einem Pale Ale mit wenig Kohlensäure). Man unterscheidet zwischen allgemeiner Rezenz und Größe der Blasen, angefangen von den großen Mostblasen bis hin zu den winzig kleinen Stoutblasen. Am Blasentyp und an der Geschwindigkeit, mit der sie aufsteigen, wird sichtbar, ob das Bier Körper hat oder nicht.

Aroma: Dieses wird dank der Schaumkrone deutlich. Um es deutlicher zur Geltung kommen zu lassen, genügt es, das Glas im Kreis zu schwenken, um die Flüssigkeit im Schaum freizusetzen. Atmen Sie ein und versuchen Sie zuerst, Ihren Gesamteindruck zu benennen: pflanzlich, holzig, fruchtig, Karamell ... ; versuchen Sie anschließend, die Suche zu verfeinern: pflanzlich-blumig, weiße Blüten, Holunder ... Wer sich konzentriert und sich Zeit nimmt, findet immer die richtigen Worte.

VERKOSTUNG

Nehmen Sie einen ordentlichen Schluck Bier, lassen Sie es im Mund kreisen und „kauen" Sie es, damit es in Kontakt mit Zunge und Gaumen kommt, und atmen Sie dabei gleichzeitig, damit die Aromen Sie erreichen, dank der retronasalen Aromawahrnehmung. Wie beim Aroma versuchen Sie auch hier, den Gesamtgeschmack wahrzunehmen und dann versuchen Sie die Geschmacksrichtung zu präzisieren. Die wahrgenommenen Aromen können stärker mit Malz, mit Hopfen oder mit Hefe zusammenhängen. Spüren Sie das Prickeln auf der Zunge (im Vergleich zu den Blasen, die Sie schon beobachten konnten), die Leichtigkeit oder, ganz im Gegenteil, die Mächtigkeit des Körpers, und genießen Sie schließlich die Langlebigkeit im Mund. Hier ist anzumerken, dass es Verkostungsraster im Internet gibt, die man sich ausdrucken kann und die Sie bei der Verkostung eines Bieres leiten. Oder eine noch bessere Idee ist, an einem Verkostungsabend mit einem Zythologen teilzunehmen!

Bitterkeit: eine notwendige Umerziehung bezüglich dieses Geschmackes

Dies ist einer der Schlüsselgeschmäcke des Bieres, der begeistert und vielfältig ist. Versuchen Sie, die frischen Arten von Bitterkeit, die an die Bitterkeit von Zitrusfrüchten erinnern, die Arten von Röstbitterkeit, die ähnlich jener von Kaffee sind, und die schwereren und harzigeren Arten von Bitterkeit voneinander zu unterscheiden. Dieses Spiel ist umso interessanter, wenn es um IPA geht, die entweder über eine einfache oder eine komplexe Palette an Bitterkeit verfügen. Dieser Geschmack, der für Bier charakteristisch ist, existiert kaum in anderen Getränken und ist in der Gastronomie generell wenig erwünscht. Sie erinnert uns an Pulvermedikamente, Giftpflanzen oder Gift. Oft vergessen wir jedoch, dass wir Endivien, Oliven, Pampelmusen, Enzianaperitif oder dunkle Schokolade essen! Bitterkeit hat für den Organismus unverzichtbare Wirkungen, die gezielt auf Mund, Magen, Leber und Darm wirken. Sie hat appetitanregende, verdauungsfördernde, mobilisierende, (vor allem auf die Haut) entgiftende, antibakterielle und entwurmende Wirkung, nichts als das!

AROMARAD

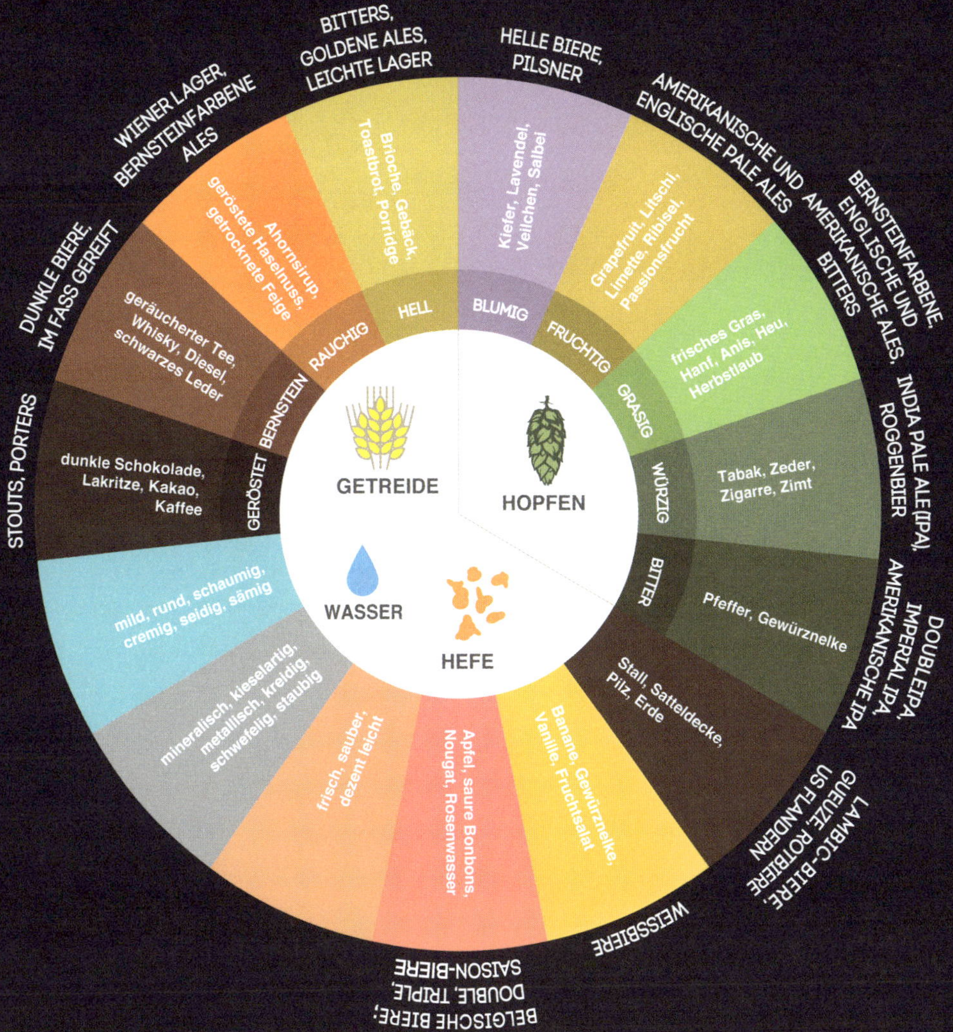

BITTERS,
GOLDENE ALES,
LEICHTE LAGER

HELLE BIERE,
PILSNER

WIENER LAGER,
BERNSTEINFARBENE
ALES

AMERIKANISCHE UND
ENGLISCHE PALE ALES

DUNKLE BIERE,
IM FASS GEREIFT

BERNSTEINFARBENE,
ENGLISCHE UND AMERIKANISCHE ALES, INDIA PALE ALE (IPA),
ROGGENBIER

Ahornsirup,
geröstete Haselnuss,
getrocknete Feige

Brioche, Gebäck,
Toastbrot, Porridge

Kiefer, Lavendel,
Veilchen, Salbei

Grapefruit, Litschi,
Limette, Ribisel,
Passionsfrucht

geräucherter Tee,
Whisky, Diesel,
schwarzes Leder

frisches Gras,
Hanf, Anis, Heu,
Herbstlaub

HELL

BLUMIG

RAUCHIG

FRUCHTIG

STOUTS, PORTERS

BERNSTEIN

GRASIG

DOUBLE IPA,
IMPERIAL IPA,
AMERIKANISCHE IPA

dunkle Schokolade,
Lakritze, Kakao,
Kaffee

GERÖSTET

Tabak, Zeder,
Zigarre, Zimt

WÜRZIG

GETREIDE

HOPFEN

BITTER

Pfeffer, Gewürznelke

US FLANDERN

mild, rund, schaumig,
cremig, seidig, sämig

WASSER

HEFE

Stall, Satteldecke,
Pilz, Erde

GUEUZE-,
LAMBIC-BIERE,
ROTBIERE

mineralisch, kieselartig,
metallisch, kreidig,
schwefelig, staubig

frisch, sauber,
dezent leicht

Apfel, saure Bonbons,
Nougat, Rosenwasser

Banane, Gewürznelke,
Vanille, Fruchtsalat

WEISSBIERE

BELGISCHE BIERE,
DOUBLE, TRIPLE,
SAISON-BIERE

WIE RECYCELT MAN BRAUABFÄLLE?

BIERRESTE

- - - - - - - -

Es kann vorkommen, das bestimmte Biere nicht überwältigend gelingen, jedoch anders nutzbar sind.
- Kochen Sie daraus eine Sauce für gegarte Gerichte, für Ofenkartoffel oder Sauerkraut …
- Gießen Sie etwas davon in Zwiebelsuppe: Rösten Sie die Zwiebeln gut über kleiner Flamme in etwas Butter, fügen Sie etwas Mehl hinzu, deglacieren Sie mit einem bernsteinfarbenen Bier und lassen Sie das Ganze 30 Minuten köcheln.
- Fügen Sie Ihrem Crêpe-, Waffel- oder Gebäckteig etwas Bier hinzu, um ihn leichter zu machen!
- Machen Sie ein Karamellbier mit einem dunklen Schokoladenbier.
- Pflegen Sie Ihre Haare damit: Nachdem Sie sie mit Shampoo gewaschen haben, übergießen Sie sie mit Bier, lassen es 30 Minuten einwirken und spülen es gründlich aus; das Gleiche können Sie mit dem Fell Ihres Hundes machen!
- Machen Sie mit etwas Wasser ein Fußbad daraus.
- Bekämpfen Sie die Nacktschnecken im Gemüsegarten: Gießen Sie das Bier in leere Joghurtbecher und vergraben Sie diese neben Ihren Salaten in der Erde. Die Schnecken werden hineinkriechen.
- Bringen Sie die Blätter Ihrer Zimmerpflanzen zum Strahlen, indem Sie sie mit einer Mischung aus Wasser und Bier abwischen.
- Bringen Sie Ihren Schmuck zum Strahlen, indem Sie ihn in Bier einweichen (in sprudelndem Bier, damit sich der Staub gut löst).

HEFERESTE

- - - - - - - -

Nachdem Sie Ihr Bier abgezapft und in Flaschen abgefüllt haben, können Sie die Hefe vom Boden des Gefäßes sammeln und Brot damit backen. Nehmen

Sie einen gehäuften Esslöffel Hefe, fügen Sie 10 g Zucker und 10 g lauwarmes Wasser hinzu. Wenn das Gemisch schäumt, geben Sie 50 g Mehl und 50 g Wasser hinzu. Warten Sie wiederum, bis der Bier-Sauerteig schäumt. Vermischen Sie 500 g Mehl, 9 g Salz, 250 ml lauwarmes Wasser (30 °C) und den Sauerteig und kneten Sie den Teig 10 bis 15 Minuten lang, indem Sie ihn dehnen. Geben Sie ihn anschließend in eine Salatschüssel, decken Sie ihn zu und lassen Sie ihn an einem warmen Ort so lange aufgehen, bis er die doppelte Größe erreicht hat. Kneten Sie ihn durch, indem Sie ihn auf der mehligen Arbeitsfläche flach drücken, schlagen Sie ihn zwei Mal um und formen Sie einen Brotlaib daraus. Decken Sie ihn zu und lassen Sie ihn 30 Minuten aufgehen. Heizen Sie währenddessen das Backrohr auf 250 °C (8–9 am Thermostat) vor. Schieben Sie das Brot ins Backrohr und stellen Sie eine Schüssel mit Wasser daneben. Backen Sie es 10 Minuten lang bei dieser Temperatur und anschließend 30 Minuten lang bei 220 °C (7 am Thermostat).

TREBER

Dieser enthält nicht mehr viel Zucker, ist jedoch sehr reich an Eiweiß und Ballaststoffen. Er kann problemlos eingefroren werden.

- Trocknen Sie ihn im Backrohr oder im Dörrgerät, damit er knusprig wird, und bestreuen Sie damit ein Brot, das Sie geformt haben, einen Teig für Schokoladenkekse, Müsliriegel, einen Kastanienkuchen ...
- Backen Sie daraus Brot (maximal 15 % frischer Treber, den Rest mit Weizenmehl (D: Typ 550, Ö: W700), damit der Teig richtig aufgeht).
- Vermischen Sie den Treber mit Margarine, machen Sie daraus Kügelchen und füttern Sie damit die Vögel im Winter.
- Verfüttern Sie den Treber an Kühe, Schafe und Schweine, die diesen sehr gut verdauen können. Verfüttern Sie ihn gegebenenfalls auch an Pferde und Hühner, aber nur in kleinen Mengen.
- Verwenden Sie ihn als Substrat für Nutzpilze, wie etwa Seitlinge.
- Kompostieren Sie ihn.

BRAUBEGRIFFE-LEXIKON

- - - - - - - - - - - - -

Ale: obergäriges Bier, oft nach englischer, amerikanischer oder belgischer Art. Der Großteil der handwerklich hergestellten Biere sind Ales.

Alkohol: Ethanol (Äthylalkohol), das bei der Zersetzung von Zuckern durch Hefe entsteht.

Alkoholtoleranz: Fähigkeit einer Hefe, einen bestimmten Alkoholgehalt auszuhalten.

Alphaamylase: Enzym, das Stärke in Einfach- oder Vielfachzucker umwandelt. Dieses Enzym macht es möglich, eine Würze mit einem hohen Anteil an nicht vergärbaren Zuckern zu gewinnen und dem Bier Süße und Rundheit zu verleihen.

Alphasäure: im Hopfen enthaltenes Harz, das dem Bier seine bitteren Eigenschaften verleiht. Der Alphasäuregehalt wird in Prozent angegeben und ist auf jedem Hopfenpäckchen zu finden.

Betaamylase: Enzym, das Stärke in Maltose umwandelt und mit dessen Hilfe eine Würze, die einen hohen Gehalt an vergärbaren Zuckern aufweist, und in weiterer Folge ein Bier mit hohem Alkoholgehalt erzeugt werden kann.

Bierpaddel: große Spatel mit Löchern, die zum Umrühren der Maische dient.

Dextrin: in der Würze vorkommender Vielfachzucker, der dafür sorgt, dass das Bier Körper hat.

Dreibeiniger Gaskocher (Tripod oder Dreifuß): Gaskocher mit drei gusseisernen Beinen, der dazu dient, große Töpfe zu erhitzen, wird auf den Boden gestellt.

Dry-Hopping (oder Kalthopfung): Hopfengabe in der kalten Würze zu Beginn der Nachgärung.

EBC (European Brewery Convention): europäische Einheit zur Beschreibung der Farbe von Malzen und Bieren.

Einmaischen: Schritt, der darin besteht, dem Malz heißes Wasser beizugeben und so ein Gemisch herzustellen, das als „Maische" bezeichnet wird.

Enzym: Protein, das chemische Verbindungen zerstören und aufbauen kann. Bei der Bierherstellung greifen die Enzyme Alphaamylase und Beta-amylase die Stärkeverbindungen in der Würze an, um sie in Zucker umzu-wandeln.

Ester: wichtigste aromatische Verbindung, die bei der Gärung entsteht.

Flavour: Gesamtkombination der Eindrücke der Nase (aromatischer Ein-druck) und der Zunge (Geschmack im engeren Sinn) und der physischen Eindrücke im Mund (Rundheit).

Flockung: Eigenschaft einer Hefe, kompakte Klumpen in der Würze zu for-men. Je höher die Flockung, desto klarer wird das Bier.

Gärverschluss oder Gärglocke: Verschluss, der auf dem Gärgefäß platziert wird. Durch diesen kann CO_2 austreten, ohne dass Mikroorganismen hinein-gelangen können.

Glasballon: große Glasflasche, manchmal umgeben von einem Korb, mit Henkeln, wird für die Gärung der Würze verwendet.

Hopfen: Pflanze, die dem Bier Bitterkeit und Aromen verleiht.

Hopfung: Methode, das Bier bitter zu machen und zu aromatisieren, durch Kochen oder durch Aufguss.

IBU (International Bitterness Unit): Maßeinheit für die Bitterkeit des Bieres.

Karbonisierung: Menge an im Bier aufgelöstem Kohlendioxid (CO_2).

Klärung: Schritt, bei dem Feststoffe, Hefen und Hopfen beim Kochen und nach der Nachgärung aus dem Bier gefiltert werden.

Körper (des Bieres): Fülle, die das Bier im Mund annimmt, bedingt durch den Gehalt an (nicht vergorenen) Zuckern und an Proteinkomplexen im Bier.

Lager: untergäriges Bier. Die meisten industriell hergestellten Biere sind Lagerbiere.

Lambic: mithilfe von Spontangärung hergestelltes Bier.

Lupulin: gelbes, in den Zapfen der weiblichen Hopfenpflanzen enthaltenes Pulver, das Harze, die für die Bitterkeit verantwortlich sind, sowie ätheri-sche Öle, die dem Bier Aromen verleihen, enthält.

Maische: Begriff, der aus dem Elsässischen kommt und das dickflüssige Gemisch aus geschrotetem Malz und heißem Wasser, das beim Brauvorgang entsteht, bezeichnet.

Malz: gekeimte Gerste oder anderes Getreide, das getrocknet und/oder geröstet, entkeimt und danach geschrotet wurde. Dies ist der Rohstoff des Bieres, aus dem eine süße Würze hergestellt werden kann.

Mikroorganismen (oder Keime): In der Umgebung des Bieres handelt es sich dabei hauptsächlich um Bakterien und Pilze (Schimmel, wilde Hefen …).

Reifung: Zeitraum, in dem das Bier reift und sich in der Flasche klärt.

Rohrschlange: spiralförmiges Metallrohr (aus Kupfer oder Nirosta), das in die Würze getaucht wird, um sie zu kühlen.

Rund: Bezeichnung für ein dichtes Bier mit dank der in ihm enthaltenen Restzucker großzügigem, weichem Geschmack.

Sedimentation: Eigenschaft einer Hefe, sich am Ende der Gärung am Boden des Gärgefäßes in einer Schicht abzusetzen.

Sud: Gesamtheit der Rohstoffe, die zur Herstellung der im Braukessel enthaltenen Würze verwendet werden.

Treber: feste Reststoffe, die nach dem Maischen von Malz und oder Getreide übrigbleiben, erhält man durch Läutern der Würze.

Trocken: Bier, das im Abgang an trockenen Weißwein erinnert (im Gegensatz zu einem runden Bier).

Vergärungsgrad: Fähigkeit der Hefe, in der Bierwürze enthaltene Einfachzucker umzuwandeln. Je höher er ist, desto mehr Alkohol enthält das fertige Bier und desto runder ist es.

Verzuckerung: biochemischer Vorgang, bei dem Zucker aus in Gerste (oder einem anderen Getreide) enthaltener Stärke entsteht.

Whirlpool: Strudel, der mit dem Bierpaddel nach dem Kochen der Würze erzeugt wird, um die Proteine in der Mitte des Gefäßes zu konzentrieren und ein klareres Bier zu erzeugen.

Würze: Flüssigkeit, die beim Läutern der Maische gewonnen wird.

LITERATURHINWEISE

Bücher

Bierbrauen für jedermann, Michael Hlatky, Stocker Verlag, 2018.

Abrégé de biochimie alimentaire, Charles Alais, Guy Linden und Laurent Miclo, éditions Dunod, 2004.

Bières, leçons de dégustation, Elisabeth Pierre und Pierre Monetta, Éditions de la Martinière, 2015.

Biérographie, Elisabeth Pierre, Anne-Laure Pham und Mélody Deturck, éditions Hachette, 2015.

Comment faire de la bonne bière chez soi, Jean-François Simard, éditions Brouwland, 2011.

Histoire de l'alimentation, Jean-Louis Flandrin und Massimo Montanari, éditions Fayard, 1996.

La Bière, Michael Jackson, éditions Gründ, 2008.

Les Meilleures Bières du monde, Ben McFarland, éditions Solar, 2014.

Les Secrets de la casserole, Hervé This, éditions Belin, 1994.

Toutes les bières moussent-elles ?, Jean-Paul Hébert und Dany Griffon, Éditions Quae, 2010.

Informationswebsites

www.bierland-oesterreich.at
www.brauer-bund.de
www.bier.swiss
www.brauunion.at
www.braucampus.at
www.hopfenhelden.de
www.besser-bier-brauen.de
www.hobbybrauer.de
www.brau-blog.de

Rohstoffe und Brauutensilien

www.vierka.de
www.hobbybrauerversand.de
www.braupartner.de

www.my-bier.de
www.brouwland.com/de
www.hopt-shop.de
www.dreher.at
www.holzeis.com
www.beerstorevienna.at
www.beerlovers.at
www.sios.ch
www.bierbrauzubehoer.ch
www.polsinelli.it/de
www.fermentis.com
www.rolling-beers.fr/de
www.muellerglas.at
www.etivera.at
www.flaschenbauer.de

Ausbildungen im Bereich Bierbrauen und Bierologie

Brauwesen und Getränketechnologie (B. Sc.; M. Sc., Diplom-Braumeister) Technische Universität München www.tum.de/studium/studienangebot/detail/brauwesen-und-getraenketechnologie-bachelor-of-science-bsc

Brauwesen und Getränketechnologie (B. Sc) Technische Universität Berlin www.studienberatung.tu-berlin.de

Brau- und Getränketechnologie Hochschule Weihenstephan-Triesdorf www.hswt.de

Brau- und Getränketechnik Lehrberuf in Österreich

Biersommelier Schulen und auch Brauereien bieten immer wieder Biersommelier-Kurse an.